Deutsche Lieder

Texte und Melodien
Ausgewählt und eingeleitet
von Ernst Klusen
Erster Band

INSEL VERLAG

Zweite Auflage 1981
51. bis 100. Tausend
© Insel Verlag Frankfurt am Main 1980
Alle Rechte vorbehalten
Druck: Druck- und Buchbinderei-Werkstätten
May & Co. Nachf., Darmstadt
Printed in Germany

Einleitung

Singen ist für mich wie atmen.
Hausfrau, 48 Jahre,
an den Saarländischen Rundfunk

Absicht

Irgendwann, irgendwo und zu irgendeiner Gelegenheit singt — fast — jeder — allein für sich oder mit anderen. Wie der Mensch sich in der Welt fühlt, hat er von jeher mit Vorliebe singend in jenen kleinen Gebilden ausgedrückt, die wir Lied nennen. Eine Sammlung *Deutsche Lieder* vorlegen, bedeutet deshalb, aus allen Zeiten und von allen Gruppierungen der Gesellschaft zusammentragen, was Menschen zum Singen bewegt, um ihre Antwort auf die Herausforderungen des Lebens zu vernehmen. Dabei wird sich herausstellen, wie vielfältig die Inhalte sind, wie wechselnd die Stimmungen, wie mannigfaltig die musikalisch-literarischen Aussageweisen und die Zeitstile. Es wird sich zudem ergeben, daß die verschiedenen Sozialschichten und die in ihnen geltenden ästhetischen Konventionen das, was so allgemein und leichthin „Lied" genannt wird, auf sehr verschiedene Art ausformen.

So wäre dann diese Sammlung als eine Dokumentation zu sehen; und die Auswahl ist so getroffen, daß die ganze Vielfalt der Inhalte und Formen deutscher Lieder deutlich wird. Das bedeutet aber auch, daß hier kein geschöntes Bild vorgezeigt wird, das dem Betrachter mit jener selbstgefällig-törichten „Bin-ich-nicht-hübsch?"-Attitüde altmodisch-retouchierter Postkarten entgegenkommt. Im Gegenteil: neben der Anmut und Schönheit sind die Härten, die Schrunden und die Falten zu zeigen. Denn Lieder antworten auf alles, was das Leben an den Menschen heranträgt: natürlich auf das Schöne, das Erhebende, das Liebe und das Lustige, aber ebenso natürlich auch auf das Dunkle, die Verzweiflung, die Furcht und die Bosheit.

Somit wird weder das extrem Derbe und Direkte — auch im erotischen Lied — unterschlagen, noch werden historische Entwicklungen so behandelt, als ob sie nicht stattgefunden hätten. Dies gilt für die Zeit zwischen 1813 und 1848 ebenso wie für die Zeit um 1870, für die 12 Jahre nationalsozialistischer Diktatur ebenso wie für die Gegenwart. Es ist deshalb unvermeidlich, daß der eine beim Durchgehen dieser Sammlung von diesem oder jenem Lied mit Unverständnis oder Ärger sich abwendet, während ein anderer gerade diesem Lied — aus einem Grund, der dem einen unverständlich ist — besonderes Interesse entgegenbringt. Diese besonderen Zu- und Abneigungen sind im höchsten Maße bezeichnend für den Umgang von Menschen mit Liedern; und diese Sammlung hätte etwas versäumt,

V

wenn sie den Benutzern solche Erfahrung ersparte. Goethe, der dies auch bei der Bekanntschaft mit Arnims und Brentanos berühmter Sammlung „Des Knaben Wunderhorn" bemerkte, gab den weisen Rat: ein paarmal umblättern.

Es ist ein Vorteil dieser umfangreichen Sammlung, daß alle Spielarten des Liedes zwischen 980 und 1980 zumindest in einem Beispiel dokumentiert werden können. Es entfällt weitgehend die leidige Entscheidung, ein unentbehrliches Zeugnis zugunsten eines anderen ebenso unentbehrlichen zurückzustellen. Gleichwohl ist es unvermeidlich, daß der eine oder der andere das eine oder andere Lied vermißt und dafür Lieder findet, die er für durchaus entbehrlich hält. Das kann auch gar nicht anders sein, da wir wissen, daß sowohl der einzelne wie die Gruppen, denen er angehört, je einen spezifischen, nach der individuellen oder gruppenmäßigen Mentalität geprägten Liedbesitz ansammeln. Er deckt sich nur zu einem geringen Teil mit dem Liedbesitz der anderen. Eine breite, allgemeine Beliebtheit wird nur wenigen Liedern zuteil. Sie fehlen natürlich nicht. Hingegen sind Mundartlieder, deutschsprachige Lieder ausländischer Herkunft und ins Deutsche übertragene ausländische Lieder nur dann aufgenommen, wenn sie einen größeren Bekanntheitsgrad besitzen oder in einer bestimmten Beziehung besonders charakteristisch sind.

Als Lied sollen alle Gebilde gelten, die einen relativ kurzen, strophenmäßig geteilten Text übersichtlich durch Reimschema und Versfuß gliedern und deren lyrischer oder epischer Inhalt singend dargestellt wird. Deshalb werden hier die Texte mit den Melodien dargeboten. Nur wenn die Melodien verlorengingen oder nicht zu entziffern, die Texte aber bemerkenswert sind, fehlt die Melodie.

Im Liedteil erscheinen die Lieder ohne jeden Kommentar; die erste Begegnung mit ihnen soll unbeeinflußt, nur dem Gegenstand gewidmet sein. Im Anmerkungsteil wird dann das Lied in seinen historischen und auch, wenn bemerkenswert, in seinen kulturgeschichtlichen Zusammenhang gestellt und auf Beziehungen von Liedern untereinander verwiesen. Die Kommentare sind so knapp wie möglich gehalten und bringen, da für den interessierten Nichtfachmann bestimmt, keine Quellenhinweise im wissenschaftlichen Sinn; doch sind sie bestrebt, den letzten Stand der Forschung zu berücksichtigen.

Die Texte bieten — mit Absicht — ein buntes Bild. Besonders literarisch interessante Stücke der älteren Zeit werden im Urtext gegeben; der Kommentar gibt dann die nötigen Erläuterungen. Lieder aus der älteren Zeit, die sich in ihrer sprachlichen Form durch den Gebrauch in unserem Jahrhundert erneuert, in dieser Form verbreitet und eingesungen haben, erscheinen dem gegenwärtigen Sprachgebrauch angepaßt. In solchen Fällen verweist der Kommentar meist auf das Verhältnis der heute gesungenen Form zu der älteren. Die Melodien erscheinen in moderner Notenschrift und in Tonarten, die der normalen Stimmlage entsprechen. Wenn, was bei älteren Melodien vorkommt, die Überlieferung von Melodie oder Rhythmus nicht eindeutig ist, wird dies im Kommentar vermerkt.

Ordnung

Auf die Frage, in welcher Ordnung deutsche Lieder aus 1000 Jahren darzubieten wären, sind verschiedene Antworten möglich. Die einfachste wäre eine lexikalisch-alphabetische nach den Textanfängen, doch ergäbe dies ein krauses Durcheinander von Zeiten, Inhalten und Formen. Eine Ordnung nach dem Alter der Lieder ergäbe zwar — für die jüngeren Lieder deutlicher als für die älteren, deren Überlieferung sich im Dämmer der frühen Geschichte verliert — ein einigermaßen deutliches Ordnungsprinzip. Aber die Möglichkeiten, die Lieder nach ihrem Gehalt sinnvoll darzubieten, bleiben auch hier beschränkt. Der gesellschaftliche Gesichtspunkt — Wer singt für oder gegen wen? — ist didaktisch, etwa für Schul- oder Lehrbücher, interessant; für eine solch breit angelegte Gesamtdokumentation deutscher Lieder jedoch stellt sich dieses Ordnungsprinzip als zu einseitig dar. Gleichwohl ist es genügend wichtig, um als ein Gesichtspunkt der Untergliederung ins Spiel zu kommen. Bleibt das Prinzip der Ordnung nach Liedinhalten, das fast allen Liederbüchern — mit ungleichem Erfolg — zugrunde liegt. Mit zwei Schwierigkeiten ist hier fertig zu werden. Die erste ist mehr äußerlicher Art und ergibt sich aus der Tatsache, daß es fast unmöglich ist, Gesichtspunkte zu finden, die eindeutige Abgrenzungen erlauben: Ist ein Lied, das eine Liebesgeschichte zwischen einem Jäger und einem Mädchen schildert, ein Liebeslied oder ein Jägerlied? Ein frommer Morgengesang ein Tageszeitenlied oder ein religiöses? Hier gibt es nur mehr oder minder willkürliche Zuweisungen. Hinzu kommt etwas anderes. Dieses Ordnungsprinzip nach Liedinhalten ist durch zahlreiche Liederbücher diskreditiert, die solche Einteilungen nutzen, um unter den Stereotypen „Liebe", „Scherz", „Biedere Handwerker", „Jahreszeiten", „Gotteslob" durch eine einseitige Auswahl harmloser Lieder eine künstliche Harmonisierung unserer Welt in unseren Liedern herzustellen. Solch oberflächliche Anmutung ist in den letzten Jahren mit Recht kritisiert worden. Dieser verfälschenden Beschönigung von Lied und Leben will diese Sammlung durch das Hervorheben gesellschaftlicher Bezüge entgehen, das auch erlaubt, Konflikte des Lebens im Spiegel der Lieder aufzudecken. Äußerlich gesehen schließt sich die Anordnung der Lieder in dieser Sammlung zwar an die gebräuchliche Einteilung nach Gattungen an, und die Schwierigkeit, ob ein Lied zu dieser oder jener Inhaltskategorie gehört, ist auch hier nicht ganz zu vermeiden. Doch soll durch die gewählten Bezeichnungen für die einzelnen Sachgruppen deutlich werden, daß nicht so sehr im äußeren Sinne an Inhalte gedacht ist, als an die Antworten, die Lieder auf Fragen nach der Beziehung von Mensch und Welt geben. So soll eine sinnvolle und in den meisten Fällen eindeutige Ordnung der Lieder entstehen, die im folgenden Abschnitt näher zu beschreiben ist.

Innerhalb der inhaltlich bestimmten Gattungen werden die Lieder — mit Ausnahme der Tages- und Jahreszeitenlieder — nach ihrem Alter geordnet. Das ermöglicht die zusammenhängende Darstellung geschichtlicher Entwicklung und gleichzeitig innerhalb der gleichen Epoche die Dokumentation oft dramatisch aufeinandertreffender Gegensätze der Auffassung und Darstellung gleicher Stoffe.

Gattungen

Tag und Jahr: Das Verhältnis des Menschen zu den natürlichen Kreisläufen des Tages und des Jahres wechselt zwar mit seinem Welt- und Selbstverständnis, aber ungeachtet dieses wechselnden Verständnisses ist er gewissermaßen unentrinnbar eingefügt in den täglichen Rhythmus von Morgen — Mittag — Abend — Nacht und in den jährlichen von Frühling — Sommer — Herbst und Winter. Licht und Wärme spenden Leben, Frohsinn und Tatenlust; Dunkelheit und Kälte bringen Ruhe und Erstarrung, Schlaf und Tod — im täglichen Kreislauf der 24 Stunden und im jährlichen der 12 Monate. Und mag der Mensch durch die Mittel technischer Zivilisation noch so erfindungsreich lähmende Dunkelheit und Kälte überspielen — seine Lieder zeugen bis auf den heutigen Tag von der Einbindung in die natürlichen Rhythmen von Tag und Jahr. Daß reine Naturlieder als Antwort auf diese natürlichen Abläufe selten sind, sondern Tages- und Jahreszeitenlieder außer der Naturbeschreibung häufig noch mit religiösen und sozialen Bedeutungen versehen werden, sollte nicht verwundern. Das ist schon dem hübschen Genrebildchen abzulesen, das diese Sammlung eröffnet. „Morgen", das ist in den älteren Liedern für den Frommen die Überwindung nächtlicher Gefahr mit Gottes Hilfe, für das Weltkind in neueren Liedern Frische und Aufbruch. „Abend" ist Besinnung und Heimkehr — und alles, was sich an Gedanken und Empfindungen dazufügt. Abendlieder sind zahlreicher als Morgenlieder — und das nicht wegen ungleichmäßiger Überlieferung oder willkürlicher Auswahl in dieser Sammlung; Abendzeit ist Singezeit.

Ähnlich bedeutungsvoll sind die Lieder der Jahreszeiten. Der Jahresanfang ist vom Nachklang des Weihnachtsfestes, von guten Wünschen für die Zukunft und von der Erwartung des Winterendes geprägt. In wie verschiedener Weise Lieder hierzu etwas singen und sagen, zeigen gleich die beiden Neujahrslieder, die etwa der gleichen Zeit entstammen: das neue Jahr als Zeit der Heilsoffenbarung und als Gelegenheit, der in ihren körperlichen Vorzügen sehr deutlich vorgestellten Geliebten Glückwünsche darzubringen.

Von den Winterklagen über Frühlingserwartung und Sommerfreude spannt sich der Bogen dann zum Herbst, der sowohl als goldene Zeit der Ernte wie als grauer Winterbote erlebt wird. Bis dann zum Jahresende der harte Winter, durch zarte Zeichen mühsam bewahrten Lebens im Immergrün des Tannenbaumes und des Barbarazweiges gemildert, in die neue Lebenserwartung des kommenden Jahres hinübergleitet.

Auch die Jahreszeiten sind Singezeiten von sehr verschiedener Intensität. Der Frühling, und insbesondere der Mai, inspirierte zu allen Zeiten eher zu Liedern als der Sommer; vor allem aber sind Herbst- und Winterlieder seltener als Frühlingslieder. Die Bewältigung des Winters zeigt sich eher in jenen Liedern, die von der Neugeburt des Lichtes und des Lebens in der dunkelsten und längsten, der Heiligen Nacht singen, den Weihnachtsliedern. Davon wird später zu handeln sein. Sehr verschieden sind die Inhalte der Jahreszeitenlieder. Während im Winteraustreiben oder — damit zusammenhängend —im Streit zwischen Sommer und Winter noch alte naturmythische Erinnerungen mitschwingen, offenbart sich in der Aufklärungspoesie das moralisierende Element, von wohlmeinenden Gebildeten dem einfachen Volk dargeboten und in der Tat von ihm auch aufgenommen, wie z. B. das Lied „In lautem Jubel bringen wir". Die Formen reichen von der schlichten Singzeile und einfacher Zustandsbeschreibung aus agrarisch bestimmtem Lebensraum —„Jetzt fängt das schöne Frühjahr an" —, bis zu den überkünstelten, mit mythologischen Anspielungen vollgestopften Versen aus gebildetem Stadtmilieu — „Was könnte wohl Edlers auf Erden". Und auch romantischer Überschwang in Wort und Weise ist den Jahreszeitenliedern nicht fremd, besonders denen nicht, die im 19. Jahrhundert und zu Beginn unseres eigenen entstanden: „Ach du klarblauer Himmel" und „Alle Birken grünen".

Heimat und Fremde: Trotz der — theoretischen — Möglichkeit, sich zu jeder Stunde an jeden beliebigen Ort der Welt zu begeben, trotz vergrößerter Beweglichkeit im privaten und beruflichen Leben, ist die Region der Geburt oder die Region des ständigen Aufenthaltes oder die Region, in der die Verwandten leben — meist auch der Ort, in dem das Bett steht — ein Fixpunkt menschlichen Lebens. In einer überschaubaren Region zu leben, dort bekannt und anerkannt, heimisch und behaust zu sein, kurz, Heimat zu haben ist für den Menschen wichtig. Gleichzeitig aber auch ein Entgegengesetztes: das Streben aus dem einheimischen Bezirk hinaus, das Sichfortbewegen ins Unbekannte, die waghalsige Neugier, zu „erfahren", wie es anderswo ist; fremde Zustände kennenzulernen, fremden Anforderungen zu genügen, und das weite Unbekannte zu bestehen. Bindung an die Heimat und Verlockung der Fremde bestimmen den Menschen gleichzeitig, und beides singt er in seinen Liedern. Sieht man diese Lieder etwas genauer an, macht man merkwürdige Beobachtungen.

In älteren Liedern ist „Heimat" kein eigentliches, ausdrücklich dargestelltes Thema. Zu Zeiten geringer allgemeiner Mobilität ist heimisch sein ein selbstverständlicher Zustand. Die Freude an der gewohnten Umgebung, das Behagen am Vertrauten offenbart sich eher indirekt in der freundlichen Darstellung von Personen und Berufen, die mit der eigenen Umgebung verknüpft sind, Jäger und Schäfer etwa. Erst seit dem vorigen Jahrhundert wird Heimat als Thema von Liedern bewußt gestaltet, ihre Schönheit, ihre vertraute Geborgenheit gegenüber fremd Andrängendem bewußt hervorgehoben: „Kein schöner Land als hier das unsre", „O Täler weit, o Höhen", „Drunten im Unterland", und die ausdrücklichen Preislieder, etwa von Rhein und Saale. In unserer Zeit gar äußert sich die Angst vor dem Verlust von Heimat indirekt am fast ängstlichen Festhalten des kleinen Bezirks, „Bauerngarten" etwa, oder in der trüben Ahnung des Verlustes: „Heimat ist ein altes Wort." Nie aber, und auch das scheint bemerkenswert, wird Heimat als etwas Negatives, Einschränkendes, Beengendes — was sie ja wohl sein kann — ausdrücklich dargestellt. Indirekt freilich ist eine solche Auffassung einigen Liedern zwischen Heimat und Fremde, den fröhlichen Abschiedsliedern zu entnehmen: „So scheiden wir mit Sang und Klang." Aber da gibt es auch die traurigen Abschiedslieder, „Nun leb wohl, du kleine Gasse", bei denen das Scheiden von der Liebsten eine Rolle spielt. Die Fremde ist eben doppelwertig: als „Elend" nach der altdeutschen Ausdrucksweise die Stätte der Verlassenheit von allem Vertrauten ist sie negativ, als das neue Lockende aber auch positiv dargestellt. Schiffer, Fuhrmann und Handwerksgeselle, in neueren Liedern die wandernde Jugendgruppe personifizieren diese positive Seite des Aufbruchs in das Unbekannte mit fröhlichen Liedern: „Wir sind jung, die Welt ist offen."

Du und ich: Unabhängig von Zeit und Ort und Schicksal des einzelnen gilt als anthropologische Vorgegebenheit: der Mensch ist auf individuelle Entfaltung hin angelegt, als Einzelwesen mit individuellen Ansprüchen, die er verfolgt, ja verfolgen muß — aber ohne Bezüge zu anderen kann er weder körperlich noch geistig bestehen. Seine Aufgabe ist daher, individuelle Strebungen und gesellschaftliche Notwendigkeiten in Übereinstimmung zu bringen. Diese Herausforderung begleitet ihn sein ganzes Leben und akzentuiert sich in seinen vielfältigen Ich-Wir- und Du-Ich-Beziehungen, die sich wiederum in zahlreichen Liedern offenbaren. Eine der bedeutsamsten dieser Beziehungen ist zweifellos die erotische Beziehung des Ich zum Du. Sie ist nicht nur das meist gestaltete Thema von Liedern, sondern spielt, wie schon gezeigt wurde und noch zu zeigen sein wird, in alle anderen Gattungen hinein. Dabei beeinflussen insbesondere soziale Gegebenheiten das erotische Ich-Du-Verhältnis.

„Ich bin dein. Du bist mein" — das ist nicht allein eine poetische Wendung, die in Liebesliedern immer wieder erscheint, das kann auch die rechtlich bindende Formel für eine Vereinigung sein. Die Norm ist, daß die Liebesbindung auf Dauer von der Umwelt anerkannt, ja geschützt wird; auch indem Verletzungen der Sitte soziale Sanktionen nach sich ziehen. Die glückliche, ständige Vereinigung ist aber nur ein Teil der im Lied sich darstellenden Du-Ich-Beziehung. Interessanter und häufiger sind die Themen im Umfeld, das allmähliche, noch nicht sanktionierte, heimliche Anbahnen der Beziehung, das mehr oder minder offene Werben, das Bestreben, die Umwelt aus diesem frühen Stadium herauszuhalten, also die Lieder der „heimlichen Liebe, von der niemand nicht weiß", die Vorsicht vor den „Neidern, Klaffern", den wachsamen, aber störenden Hunden, den „bösen Zungen", die die Eintracht stören, wenn man heimlich zum Mädchen schleicht, bei ihr liegt und vom Wächter gewarnt wird. Das Lied von den Königskindern ist wohl die bekannteste Ausformung dieses Themas. Heimlichkeit umgibt auch die sozial nicht sanktionierten Nebenbeziehungen, ein anderer wichtiger Themenkomplex aus den Du-Ich-Beziehungen. Die Untreue, der Betrug, manchmal sehr ernst, manchmal scherzhaft, ja geradezu burlesk oder schwankhaft dargestellt, wie in dem Lied „Die Welt hat einen thummen Mudt", wo der Bauer Pferd und Wagen wegen einer Liebesstunde mit der Frau seines Herrn dahingibt und schlau genug ist, sie sich von seinem Herrn wiedergeben zu lassen. Häufig und zu allen Zeiten findet sich die soziale Ungleichheit als Hindernis glücklicher Liebe angesprochen. Arm und Reich haben es schwer, zueinander zu finden, die Konvention steht dem entgegen, die Neider und Klaffer sind wachsam. Und schließlich ist es der Tod, der die Liebenden trennt und manche der Liebesklagen motiviert.

Sind aber die Widerstände und Fährnisse überwunden, nimmt die Umwelt mit liederreichen Bräuchen Anteil an der endlichen Vereinigung der Liebenden. Die Überreichung des Brautkranzes und die Hochzeitsfeier sind von Liedern begleitet, die manchmal auch sehr realistische Schilderungen des Lebens enthalten, das die Liebenden erwartet. Während dem Theaterpublikum in Webers „Freischütz" ein schönes Bild von Anmut und Tugend beim Winden des Jungfernkranzes vorgeführt wird — das Lied zählt zu den beliebtesten im ersten Drittel des 19. Jahrhunderts und noch lange danach —, zeigt die etwa gleichaltrige Klage eines Mädchens um den vorzeitig verlorenen Jungfernkranz — „Kommt ihr Jungfern, helft mir klagen" — eine mehr realistische Einschätzung der Verhältnisse. Aber auch sonst finden sich „Ehestandslieder" beim „Ansingen" des jungen Paares, die auf kommende schwere Zeiten sehr deutlich hinweisen.

Die vielfältig ineinander verschlungenen Motive der Liebeslieder, die hier nur angedeutet werden können, erfahren im Laufe der Jahrhunderte, die diese Sammlung dokumentiert, mannigfaltige Darstellung, nicht unabhängig von sozialen Einflüssen. Die Liebesbegegnung ist in einer seelischen und körperlichen Anziehungskraft der Partner begründet; das Verhältnis der beiden Kräfte zueinander kann ganz verschieden sein. Und so ist es kein Zufall, daß Liebeslieder sowohl von Achtung, Zuneigung, Verehrung handeln, wie auch von der Schilderung körperlicher Vorzüge. Da aber der Vollzug körperlicher Vereinigung als etwas sehr Persönliches und Intimes gilt, das ebenso wie die Schilderung dieses Vollzuges durch Tabus geschützt ist, erscheint diese körperliche Seite der Liebesbeziehung in vielen Liebesliedern nur angedeutet und sehr verhüllt. Es sind die Augen, das Haar, die Hände, weniger die sekundären, noch weniger die primären Geschlechtsmerkmale — übrigens die der Frauen durch Männer geschildert und nicht umgekehrt —, die hier gepriesen werden. In ihren extremen Gestaltungen wird die Vergeistigung bis zur Künstelei getrieben, wie in dem barocken Lied von Pelican oder in dem überempfindsamen „Ich liebte nur Ismenen". Solcher überkünstelter Abstraktion standen nun zu allen Zeiten jene Lieder gegenüber, die in direkter Derbheit die körperliche Liebe ansprachen, wie das mittelalterliche Lied „Im Maien hört man die Hahnen krähn" oder das spätere vom „Jungferlieschen". Zwischen diesen Extremen aber entwickelte sich die hohe Kunst der Andeutung, Umschreibung und Symbolisierung des Erotischen, wozu bei den Anmerkungen einiges mitgeteilt wird. Sehr gut läßt sich die Abstufung realistischer Darstellung erotischer Beziehungen an jenen Liedern unserer Sammlung ablesen, die den nächtlichen Besuch bei der Liebsten schildern. Von zarter poetischer Umschreibung über mehr oder minder versteckte Andeutung bis zur derben Schilderung finden sich die verschiedensten Ausformungen des gleichen Themas.

Diese Feststellungen gelten zwar für die Gesamtheit der Liebeslieder, doch zeigt sich die Einstellung zu diesem Themenbereich in verschiedenen Epochen durchaus unterschiedlich. Mittelalter und Renaissance und die aus dieser Zeit bis in die Gegenwart tradierten Lieder kultivieren die Umschreibung und Symbolisierung in besonderem Maße. Vom Lautenschlagen bis zum Hafersäen, von der Rose bis zum Dreschflegel gibt es eine schier unerschöpfliche Fülle der Andeutungen und Umschreibungen. Im 17., mehr noch im 18. Jahrhundert wird aber neben der Vergeistigung des Erotischen und seinem Verbergen aus moralpädagogischem Grund zur gleichen Zeit seine unverblümte direkte Darstellung kultiviert — während das 19. Jahrhundert, zurückhaltend wie keine andere Zeit, alles Direkte hinter korrekter Wohlanständigkeit versteckt, ein Erbe auch aufklärerischer Moral. Erst die letzten Jahrzehnte unseres Jahrhunderts finden wieder die Möglichkeit unverhüllter, nun auch sozialkritischer Betrachtung der Du-Ich-Beziehung, wie in den Liedern von Degenhardt, Wader und Mey.

Unberührt jedoch von einer gewissermaßen gesellschaftlich sanktionierten, kanonisierten und offiziell tradierten Darstellung, die sich in offizieller schriftlicher Fixierung, genehmigten Drucken und wissenschaftlicher Beachtung kundtut, läuft eine untergründige, unterdrückte, gewissermaßen apokryphe Tradition mit einer Intensität, die in keinem Verhältnis zu ihrer öffentlichen Nichtachtung steht. Doch ist das ein Problem der Liedüberlieferung, das nicht nur das Liebeslied, sondern auch andere Gattungen angeht. Es soll weiter unten noch dargestellt werden.

Im Vorbeigehen soll noch eine Tatsache angemerkt werden, die bisher weder Beachtung noch Erklärung gefunden hat: es gibt keine Lieder, die homoerotische Beziehungen zum Gegenstand haben. Das kann weder daran liegen, daß es sich um ein Tabu handelt, noch daß eine Minderheit der Gesellschaft betroffen ist. Denn manche – auch der hier vorgestellten – Lieder sind solche, die auf Tabus keine Rücksicht nehmen, und sind Lieder von Minderheiten. Daß dieses Thema nicht liedfähig ist, mag eher damit zusammenhängen, daß sich die Betroffenen auch nicht des geheimen, augenzwinkernden Einverständnisses erfreuen können, wie diejenigen, die heteroerotische Tabus verletzen, und daß aus diesem Grunde dieses Thema sich keiner singenden Gruppe anbietet. Wohl aber gehört Homosexualität wie übersteigerte Heterosexualität zur beliebten Diffamierung von Gegnern in sozialkritischen Liedern.

Menschen und Mächte: Die erotische Du-Ich-Beziehung ist nur ein kleiner, wenn auch höchst bedeutsamer Teil jener vielfältigen sozialen Beziehungen, in die der Mensch unausweichlich hineingestellt ist. Als gesellschaftliches Wesen fühlt sich der einzelne ständig von seiner Umwelt zu eigenen Aktivitäten herausgefordert, aber gleichzeitig auch durch die anderen in seinen Strebungen gehemmt. Einmal anerkannt, einmal verkannt, einmal geborgen, einmal verstoßen, erlebt er seine Umwelt freundlich und feindlich. Diese freundlichen und feindlichen Mächte, die imstande sind, den Menschen zu bestimmen, gestaltet er in seinen Liedern — mehr oder weniger greifbar. Manchmal ist es nur das unfaßbare, namenlose Verhängnis, das ihn, der „weder Glück noch Stern" hatte, verdirbt und das unabweislich kommt, wie der Reif in der Frühlingsnacht oder der Blitz schlagender Wetter, der ihn niederstreckt; der graue Zug der Wildgänse, der das nahe Ende ahnen läßt, und die bittere Erfahrung, daß Schwäne, Blumen, Mädchen und Burschen dahingehen; „Wann wird man je verstehn?".

In älteren Liedern zumal personifizieren sich die unfaßbaren Mächte zu geheimnisvollen, mystischen Gestalten: Frau Venus, die Tannhäuser mit ihrer Liebeskraft verzaubert, der Wassermann, der die Lilofee ins fremde Element verführt, die unbezwingliche Macht des singenden Mädchenmörders und die böse Nonne, die den Königskindern zum Verderben wird. Gelegentlich wirkt solche Geisterbeschwörung noch bei neueren Liedern recht erfolgreich nach, wie in der „Loreley", deren Schönheit den Rheinschiffern gefährlich wird, und in der Geistererscheinung der verlassenen toten Braut in der Hochzeitsnacht des ungetreuen Heinrich mit seiner „reichen Erbin an dem Rhein".

Weitaus konkreter, erhebend und niederschmetternd, aufsässig und verschmitzt erlebt der Mensch übergeordnete Macht durch die Obrigkeit und in der nationalen Gemeinschaft. Da singt er den Hymnus von „Einigkeit und Recht und Freiheit", die Legenden vom gottgewollten König Heinrich und vom unüberwindlichen Jung-Siegfried, dem stolzen Knaben. Im Appell an „Treu und Redlichkeit" läßt er sich moralisch aufrüsten. Und es wird bei solchen Liedern, die als ein „Ruf wie Donnerhall" daherbrausen „mit hellem hohem Klang", auch die gefährliche Hypertrophierung nationalen Selbstverständnisses deutlich. Mit Bedacht wird auch dies hier dokumentiert.

Macht der Obrigkeit wird aber auch als verderbliche Macht erlebt, die beim „Schloß in Österreich" den Unschuldigen an den Galgen bringt, die schöne Bernauerin in der Donau ertränkt, dem Buecher Friedli, der zu seiner Wahrheit stehen will, den Kopf kostet.

Doch werden solche Vergewaltigungen durch die Macht nicht widerspruchslos hingenommen, und der Widerspruch stellt sich auch im Lied dar. „Ob wir rote, gelbe Kragen tragen" oder — 150 Jahre später — „uns am Fließband hetzen" — „wenn wir marschieren, dann leuchtet ein Licht." So begleiten Freiheitslieder die kritischen und aufsässigen Bürger. Es gibt auch hier Lieder der überbordenden Gewalt und des ideologisch begründeten Hasses; sie sind in dieser Sammlung ebenso zu dokumentieren gewesen wie die Übersteigerungen des Nationalismus, und es soll nicht so getan werden, als hätte es die Zeit des Nationalsozialismus nicht gegeben. Trotz dieser schrecklichen Zeit — und davon zeugen Lieder aus unseren Tagen — gibt es Menschen, die von sich sagen „Wir träumen einen Traum" — von humanen Mächten. Und mag „Der rote Stein der Weisen" auch nicht gefunden sein: „Du, laß dich nicht verhärten in dieser harten Zeit." Gerade diese Zeit bringt aber auch Anti-Lieder hervor, die gegen die Macht der Obrigkeit nicht mit dem Mittel des aufrührenden Freiheitsgesanges auftreten, sondern mit dem wohl ebenso wirkungsvollen der Parodie. Mit umgeformten Fassungen von Kinder- und Soldatenliedern — „Zehn kleine Negerlein" und „Lili Marlen" beispielsweise — schlägt man den Mächtigen ein Schnippchen und riskiert die Vergeltung. Aber auch in früheren Liedern findet sich das Muster, wie Schwache — manchmal sind es Frauen — die Mächtigen überlisten. Die Ballade vom Herrn von Falkenstein sowie von der Schäferin und dem Edelmann stehen in dieser Sammlung dafür.

Wirtschaftliche Macht und gesellschaftliche Geltung begründen sich gegenseitig als maßgebende Kräfte der Sozialstrukturen. Der einzelne erlebt sie unmittelbar und ganz konkret in den kleinen Primärgruppen, denen er angehört, in der Familie, der Arbeitsgruppe, der Kompanie, dem Freundeskreis. Die auf das Leben in solchen Primärgruppen bezogenen Erfahrungen mit den übergeordneten Mächten artikulieren sich in jenen Liedern, die man als Lieder bestimmter Gruppen ansprechen kann. Welch bedeutende Rolle die Primärgruppen für das Leben des Liedes überhaupt spielen, wird noch zu erörtern sein. In diesem Zusammenhang zeigt sich, wie in den kleinen Gruppierungen des Alltags die übergeordneten Mächte positiv und negativ erlebt werden: positiv in den Berufs- und Freundesgruppen, die das Lied zum Lob ihrer Gemeinschaft wie eine Standarte vor sich hertragen. Wir kennen — und zeigen hier — die selbstbewußten Lieder der Landsknechte, der Bergleute, der Bauern, aber auch aus unserer Zeit die des Wandervogels, die sich als festgefügte Gemeinschaft empfinden, „zu Land ausfahren" und „schwindelnde Höhen" erklimmen. Aber solche Gruppen sehen ihr Verhältnis zur Gesellschaft und ihren Zwängen auch negativ, wenn sie sich als unterdrückt erleben. Es war bei der Du-Ich-Beziehung schon davon die Rede, wie wirtschaftliche Macht — „bin ich dir zu reich, bin ich dir zu arm"— diese Beziehungen zerstört. Aber auch Arbeitsgruppen wie Bauern, Arbeiter, Soldaten verweisen durch Bauernklagen, Streiklieder, Soldatenklagen und Deserteurlieder auf ihre eingeengte Existenz, damit häufig auch wieder harte Reaktionen der Obrigkeit hervorrufend.

Neben den Gruppen sind es Einzelgänger, denen Sitte, Konvention, Strafgesetzbuch und Kirchensatzung zum Lebensproblem werden. In ihren Liedern finden sich auch hier sowohl positive wie negative Aspekte dieser Konflikte. Auch im Lied kann man seine Probleme verinnerlichen und sich mit der Gewißheit „Die Gedanken sind frei" aus Konflikten zurückziehen. Man kann aber auch, wie der Straßenräuber „Schwartenhals" oder die drei Zigeuner, seine Außenseiterstellung positiv annehmen und unter Bruch aller Konvention, wie der schwarze Mönch, aus der Kutte springen und zu seiner Nähterin gehen. Beugt man sich der Konvention oder der höheren Macht, kann es geschehen, daß man sein Leben psychisch oder physisch zerstört, und da ergeben sich beliebte Liedmotive: die Klage des zur Nonne gezwungenen Mädchens, die Lieder vom schicksalhaft verursachten — zu späten — Wiedersehen mit der Geliebten an der Totenbahre. Diese Einzelschicksale als vergeblicher Kampf gegen den Anpassungszwang der Gesellschaft haben immer wieder zu Liedern inspiriert; eine Facette im vielseitigen Verhältnis der Menschen zu den Mächten, denen sie ausgeliefert, aber die für sie auch unentbehrlich sind.

Lachen – Tanzen – Trinken: Doch muß man bedenken, daß niemand ständig im Konflikt lebt und daß die Menschen der Entlastung von den Zwängen bedürfen, die ihnen als gesellschaftlich gebundene Wesen notwendigerweise – und überflüssigerweise – auferlegt sind. Die Menschen entledigen sich dieser Zwänge zumindest vorübergehend bei bestimmten Gelegenheiten an bestimmten Orten – lachend, scherzend, tanzend und vor allem: singend. Ein durchgehendes Leitmotiv solcher Gesänge unter fröhlichen Gleichgesinnten ist die Variation des Horazischen „carpe diem": „Gaudeamus igitur", so singen die Studenten, „Freut euch des Lebens" klingt der Rundgesang, und empfindsam: „Hier lieg ich auf Rosen." Solche Freude vermag sich dann bis zum feierlich-pathetischen „Freude, schöner Götterfunken" zu steigern. Da wollen sogar die Nonnen „singen und fröhlich sein – in den Rosen", da versammelt sich der Kreis fröhlicher Zecher, deren liebster Buhle das Weinfaß im Keller ist, da kreist unablässig der Tummler, das Weinglas ohne Fuß, in der lustigen Compagneia, und es kann diese Fröhlichkeit zur „Maienzît âne nît" wohl auch zur deftigen Wirtshausprügelei um eine Dorfschöne ausarten.

Besonderer Beliebtheit erfreuen sich bei diesen Gelegenheiten Scherzlieder, die nach Inhalt und Form mit lustigen und listigen Überraschungen aufwarten, wie jene, bei denen man ein Wort auslassen muß: „Wir fahren übern – (See)" oder bei denen in jeder Strophe die vorhergehenden wiederholt werden, so daß nachher unendlich lange „Schwellformen" entstehen, wie bei dem Lied von Jan Hinnerk, Vetter Melcher oder der lieben Laurentia, von jungen Leuten unserer Zeit als „Party-Knüller" bezeichnet. Lustige Tiergeschichten sind ein fester Bestandteil der Scherzlieder; das älteste Zeugnis ist die unsterbliche Vogelhochzeit mit ihren ungezählten anständigen und unanständigen Strophen. Aber auch in der Gegenwart sind solche Scherz- und Nonsenslieder wie der „Eisbär in Sibirien", „Die Affen rasen durch den Wald" und das Lied vom Harung, der sich in eine Flunder verliebt, weit verbreitet. Der Scherz steigert und schärft sich zum Spott, wenn bestimmte Personen oder typische Vertreter eines Standes angesprochen werden. Und gerade das Verspotten von Personen, deren Macht man im Alltag zu spüren bekommt, ist ein wesentliches Mittel eben der Entlastung von Alltagszwängen. Da ist der Meister, den die Gesellen verspotten, der Dorfschulmeister, der Pastor, und der Arzt, der als Dr. Eisenbart erscheint; auch Generäle wie Marlborough und bedeutende historische Ereignisse wie die Schlacht im Teutoburger Wald oder die Entdeckung Amerikas entgehen dem historische Größe relativierenden Spott nicht. Selbst die ehrwürdigen Gestalten der Heiligen Drei Könige müssen sich eine spöttische Behandlung gefallen lassen. Besonders beliebt sind auch Figuren der alltäglichen Umwelt als Thema von Spottliedern, mögen es Berufe – Leineweber, Jäger, Schneider – sein, emanzipierte, gelehrte Frauen oder die – angeblichen – Jungfern, die sich nicht getrauen, über den Regensburger Strudel zu fahren. Natürlich ist auch die Liebe, die in vielen rührenden, zarten, wehmütigen und freudvollen Liedern dargestellt wird, vor einer ebenso lustigen wie scharfsichtigen, spöttisch den Gefühlsüberschwang relativierenden Darstellung nicht sicher. Das heiratslustige, aber oft enttäuschte Mädchen ruft den hl. Andreas an, oder die Tochter spinnt und das Quiselchen tanzt, wenn man ihnen nur einen Mann verspricht. Ist die Ehe geschlossen, läßt sich auch manches Lustige ausmachen: der Pantoffelheld, der junge Mann mit der alten Frau.

Spott trifft auch die Außenseiter der Gesellschaft, die Bettler etwa und die Zigeuner. In den neueren und zur Zeit bekannten Fassungen dieser Lieder klingt dieser Spott harmlos. Er schildert das lustige Zigeuner- oder Bettlerleben eher gutmütig, harmlos, fast ein wenig neidisch auf Leute, die sich durch ihre Lebensweise den gesellschaftlichen Zwängen weitgehend entziehen, allerdings durch ungenügende materielle Ausstattung und soziale Sicherheit dafür bezahlen. In älteren, weniger bekannten Fassungen dieser Lieder klingen allerdings die Verachtung und die Furcht vor diesen Außenseitern deutlich mit. Eine ähnliche Stellung nimmt auch der Musikant ein, wie jener Herr Schmidt, der seine zahlreichen Töchter nur sehr unvollkommen aussteuern konnte.

Lachen, scherzen, spotten, trinken – der Aufzählung geselliger Freuden fehlte etwas Wesentliches, vergäße man das Tanzen. Tanzlieder gibt es die Fülle, denn die einfachste Art, sich eine Tanzmusik zu verschaffen, ist eben, daß man sie selbst singt. Das Tanzen ist zum Teil an bestimmte Jahresfeste gebunden, wie vor allem Fastnacht, der erste Mai, Johannistag, Kirmes und Erntefeier; und in dieser Sammlung werden auch solche Tanzlieder – sie gehören zweifellos zu der älteren Schicht der Überlieferung – dargeboten. In ihnen erfassen oder erahnen wir zumindest noch Formen und Funktionen des Tanzes, die er heute, auf geselliges Vergnügen reduziert, nicht mehr hat: Tanz beim Totenkult und – ganz entgegengesetzt – zur Beschwörung der Fruchtbarkeit etwa in der vorchristlichen Fasnachtsfeier und ums Mittsommerfeuer. Auch Balladen muß man sich in der ältesten Form als Tanz-,,Ball-aden" vorstellen. Die Ballade von Schäferin und Edelmann beispielsweise ist in letzten Ausläufern noch als Tanz überliefert. Die Überlieferung solcher naturmythischen, sprich heidnischen, Tänze wurde allerdings immer wieder durch die geistliche und weltliche Obrigkeit gestört, verboten, schließlich ausgerottet. Nur im Kinderspiel haben sich auf einer Schwundstufe noch Überreste solch urtümlichen Tanzbrauchtums erhalten.

Kinder: Bei der Charakterisierung von Kinderliedern ist von einer grundsätzlichen Feststellung auszugehen. Einerseits ist das Kind – je jünger, je mehr – zur Erhaltung seiner physischen und psychischen Existenz auf die Hilfe der Erwachsenen angewiesen; andererseits lebt es von der Geburt an — und je älter, je bewußter — in seiner eigenen Welt.

Im frühesten Alter schafft sich das Kind seine eigenen Lautäußerungen, vom Lallen und Schreien zur Erzeugung von melodisch-rhythmischen Gebilden, die über eine stufenlose Gleitmelodik allmählich zu festen Tonschritten, auch einfachen Reihungsformen, sich fügen, wie sie in den bekannten drei- und viertönigen „Leierformeln" immer wieder erscheinen: „Hoppe hoppe Reiter", „Schlaf, Kindlein, schlaf" in seiner ältesten Fassung. Eine Schicht des Kinderliedes ist somit von uralten Überlieferungen geprägt. Das gilt nicht nur für gewisse Strukturen, sondern auch für einige Inhalte der Kinderlieder. Es finden sich nämlich in dieser ältesten Schicht nicht nur die Nachklänge alter Balladen, wie zum Beispiel die „Rheinbraut" in dem Spiellied „Machet auf das Tor" oder die Mädchenmörderballade in dem ebenfalls gespielten Lied „Die Anna saß auf einem Stein". In einigen Liedern werden noch magische Beschwörungsformen praktiziert, wie in dem Spiel vom wilden Tier, das beim Zählen bis zwölf plötzlich erscheint. Auch ist an die Schreckfigur vom Butzemann und vom buckligen Männlein zu erinnern, die uralte Erinnerungen an bösartige Dämonen bewahren, und der dramatische Prolog „Wer sitzt auf diesem hohen Thron" entwirft eine geradezu apokalyptische Vision des Weltuntergangs, die allerdings bereits im 18. Jahrhundert zu einem harmlosen Spiellied verwandelt erscheint. Manche dieser Spiellieder sind natürlich auch ganz harmlos, wie beispielsweise „Ein Schneider fing 'ne Maus", und bei manchen wird ihr hintergründiger Ernst gar nicht wahrgenommen, wie bei dem Kniereiterliedchen „Hoppe hoppe Reiter", das eine makabre Vision vom frohgemuten Reiter beschwört, der im Sumpf erstickt und den die Raben fressen.

Diese urtümliche und alte Schicht des Kinderliedes wird entweder innerhalb der spielenden Kindergruppen selbst oder aber — das jedoch wahrscheinlich weniger — auch durch Erwachsene in Familie und Kindergarten vermittelt. Während sich hier Erwachsenenwelt und Kinderwelt berühren und durchdringen, lebt das Kind aber auch in seiner eigenen, von den Erwachsenen bewußt getrennt gehaltenen Welt. Erst neuere Feststellungen haben darauf hingewiesen, daß eine Fülle von Kinderversen, Kinderliedern und Kinderspielen besteht, die bisher überhaupt nicht dokumentiert sind, deren Existenz von den Erwachsenen sogar häufig schlichtweg geleugnet wird. In der Mehrzahl sind es Verse aus der Anal- und Genitalsphäre, die Kinder im Beisein Erwachsener normalerweise nicht singen und deshalb auch die Kinderliederforscher nicht aufzeichneten. Wir dokumentieren zumindest ein noch relativ harmloses Liedchen: „Mitsche matsche motsche mi", um diesen Sachverhalt anzudeuten.

So lebt das Kind mit seinem Lied zu einem gut Teil unberührt und ungestört von der Welt der Erwachsenen in seiner eigenen Welt, bewußt und unbeschwert sich seinen eigenen Lebensraum schaffend und erhaltend. Doch ist festzustellen, daß die Erwachsenen auch mit Liedern mehr oder minder erfolgreich versuchen, dem Kind zu Hilfe zu kommen, damit es sich in der Welt zurechtfinde. Deshalb ist auf jene Kinderlieder hinzuweisen, die Erwachsene für Kinder anfertigen.

Zu den ältesten Liedern dieser Gruppe zählen die Schlaflieder, die wie die frühest bekannte Formel „Schlaf, Kindchen, schlaf" schlicht, märchenhaft-poetisch in einfachen Bildern und Tonstrukturen beruhigen und einschläfern, gelegentlich auch einmal zu liedhaft geschlossenen Weisen ausgeformt werden, wie in dem Lied „Ich hab' mir mein Kindelein schlafen gelegt". Doch ist auch in den ältesten uns bekanntgewordenen Schlafliedern bereits etwas anderes angelegt: das Anbefehlen des Kindes in Gottes Schutz und damit ein religiöses Moment: „Ach lieber Herre Jesu Christ". Religiöse, märchenhafte oder naturhafte Elemente bestimmen die Schlaflieder von den 14 Engeln, die Wache halten, von den Sternlein und den Blümelein, die schlafen. Hier wird mit wechselndem Erfolg versucht, den kindertümlichen Ton zu treffen — wie ihn der Erwachsene versteht. In einem der bekanntesten Kinderschlaflieder „Schlafe, mein Prinzchen, schlaf ein" wird es allerdings gar nicht erst versucht; das Lied gibt nur allzu deutlich die Erwachsenenmentalität wieder — auch in der sehr graziösen, fälschlich Mozart zugeschriebenen Melodie.

Bei einer anderen Themengruppe, den Tanz- und Spielliedern, geht es vom Gehalt und der Form her kindertümlicher zu, bei den älteren Spiel- und Tanzliedern wie „Häschen in der Grube" oder wie beim Lied vom „Ponypferdchen" aus unseren Tagen. Gleichwohl ist auch bei solchen Liedern ein didaktischer Zweck eingeplant, nämlich die körperliche Ertüchtigung in Laufen, Springen, Hüpfen. Deutlich wird dabei auch der erzieherische Sinn, das Kind in die Welt einzuüben. Man stellt ihm Tiere vor — Fuchs, Gans, Esel, Kuckuck, Biene —, macht es mit Figuren wie Fuhrmann und Jäger bekannt und vermittelt spielend das Zählen im Lied von den kleinen Negerlein. Das moralische Element, das schon in den älteren Schlafliedern sich andeutete, spielt vor allem seit der Aufklärung und im 19. Jahrhundert eine Rolle in dem Bestreben, die Kinder möglichst schnell und wirkungsvoll zu kleinen Erwachsenen zu erziehen. Da müssen die Heiligen — die Kinderheiligen St. Nikolaus und St. Martin vor allem — helfen; aber es werden auch gute Lehren weltlicher Art verpaßt, wie in dem Lied vom „Hänschen klein", der seiner Mutter nicht weglaufen darf. Mit Recht wird ein Teil dieser moralisierenden Kinderlieder sehr skeptisch betrachtet. In den letzten Jahren ist zu beobachten, daß neuere Kinderlieder — natürlich wiederum von Erwachsenen gemacht — die Kinder in ihrem Selbstbewußtsein und ihrer Kritikfähigkeit stärken wollen:

„Sei nicht dumm, frag warum". Auch hier greift man gelegentlich — wie beim sozialkritischen und religiösen Lied — auf Überliefertes zurück, wie beim Lied vom buckligen Männlein.

Die pubertäre und nachpubertäre Phase als Abschluß der Kinderzeit leitet in das Lied der Erwachsenen über, wenngleich sich innerhalb dieser „Erwachsenenlieder" bei Jugendgruppen eine besonders akzentuierte Liedtradition herausgebildet hat: das verwegene, abenteuerlustige Fahrtenlied, das die Abseitsstellung von der Erwachsenenwelt noch durch seine Identifikation mit Randgestalten der Gesellschaft — Zigeuner, Piraten, Landsknechte, — betont. Diese Lieder „jugendlicher Erwachsener" aber zählen nicht mehr zu den Kinderliedern und finden sich als Auseinandersetzung mit „Menschen und Mächten" dort eingeordnet.

Gott und die Welt: Das Bewußtsein seiner Gebrechlichkeit und Zerbrechlichkeit — der Mensch ist das einzige Lebewesen, das weiß, daß es sterben muß — bringt nicht nur die Überzeugung, übergeordneten Mächten willenlos ausgeliefert zu sein, davon war schon die Rede, sondern bewegt den Menschen auch, mit höheren, unsichtbaren Mächten in Verbindung zu treten, ihre Macht zu verehren, um ihre Hilfe zu bitten und für gewährte Hilfe zu danken. In unserem Kulturkreis ist es der persönliche Gott der christlichen Kirchen, an den die Menschen sich wenden, damit das Unheil gebannt und das Heil in der Gestaltung und Erhaltung irdischen Wohlergehens und jenseitigen ewigen Lebens verwirklicht werde. In Lob, Bitte und Dank bringt deshalb das Lied diese Verbindung von Mensch und Gott zum Ausdruck. Nicht verwunderlich, daß solche Verbindung gerade im Lied gesucht wird: es ist gegenüber der Sprache die unalltägliche, gesteigerte und damit wirkungsvollere Art des Ausdrucks.

Aus der vorchristlich-germanischen Zeit gibt es keine Liedüberlieferung, denn die christlichen Missionare sahen sich natürlich nicht als Bewahrer einer Tradition, die sie als heidnisch und gotteslästerlich betrachteten, deren Lieder und liturgische Tänze sie nicht nur inhaltlich verdammten, sondern auch ästhetisch als „Schreien" oder „Heulen" abwerteten und nach Kräften — auf die Dauer wirkungsvoll — unterdrückten. Die Formen christlicher Gottesverehrung, in ihrem Mittelpunkt die Meßfeier und die dabei vor allem durch den Klerus praktizierten Gesänge des gregorianischen Chorals in der lateinischen Sprache, gaben der Aktivität der Laien und dem muttersprachlichen Lied wenig Raum. Doch konnte und durfte solche Aktivität nicht vollständig ausgeschlossen werden. Am Rande der liturgischen Feier, auch in weniger offiziellen Gottesdienstformen, wie Wallfahrten, entstanden schon im frühen Mittelalter deutsche geistliche Lieder. Ihre Verfasser waren zuerst Geistliche, die von der Absicht geleitet waren, die heidnischen Gesänge zu verdrängen. Meist schlossen sie mit der liturgischen Anrufung „kyrie eleison" und wurden deshalb Leisen genannt. Das älteste dieser Lieder ist eine Anrufung des hl. Petrus, dessen Melodie nicht zu entziffern ist. Bei dem Osterlied „Christ ist erstanden" kann die Melodie auf Teile der gregorianischen Sequenz „Victimae paschali laudes" zurückgeführt werden; auch für das Lied „Mitten im Leben" war ein liturgisches Vorbild, nämlich die Sequenz, „Media vita", maßgebend. Genauso verhält es sich mit dem ältesten deutschen Weihnachtslied „Nun sei uns willkommen Herre Christ", dessen Melodie sich aus einem oft verwendeten Typus gregorianischer Antiphonen herleitet. Und selbst in Walther von der Vogelweides Kreuzfahrerlied, das auf eine französische Troubadourmelodie zurückgeht, sind Stil und Geist des gregorianischen liturgischen Gesanges spürbar. Somit zeigt sich, daß das früheste deutsche Lied ein geistliches Lied ist und daß die liturgischen Melodien des gregorianischen Chorals seine musikalischen Strukturen wesentlich prägten. Dies gilt auch noch für die Wallfahrtsgesänge und Lieder der Geißlerprozessionen, die, zum Teil mehr geduldet als gefördert, die Übungen volkstümlicher Frömmigkeit begleiteten, und gilt selbst für die Melodie – wenn auch nicht für den Text – des Liedes, das die Pilger auf der Wallfahrt zum Grabe des hl. Jakob im spanischen Compostella anstimmten, wie auch für die Weise des zarten Liedes des Heinrich von Laufenberg „Ich wollt, daß ich doheime wär". Die Dichtung dieses spätmittelalterlichen Liedes aber stößt in neue Ausdrucksbereiche vor; sie ist auf eine subjektive Art empfindsamer, Zeugnis einer persönlich erlebten, nicht hieratisch vorgeprägten Frömmigkeit. In anderen geistlichen Liedern des späteren Mittelalters, etwa in dem wiegenden Weihnachtslied „In dulci jubilo" und in dem – man möchte fast sagen anmutig-zärtlichen – Adventslied „Unser liebe Fraue" drückt sich diese Subjektivität auch in der Melodie aus; selbst wenn sie, wie die Melodie zu „Nun sei uns willkommen", noch mit dem Antiphontyp zusammenhängt, der dieses älteste Weihnachtslied prägte.

Die Reformation brachte für die Stellung des geistlichen Liedes im Gottesdienst etwas ganz Neues. Mit Betonung der Muttersprache im offiziellen Gottesdienst und der größeren aktiven Teilnahme der Laien an den liturgischen Formen machten die Reformatoren das geistliche Lied, das nun „Kirchen"-Lied im engeren Sinne wird, zu einem wesentlichen Bestandteil des Gottesdienstes. Dazu benötigten sie sehr schnell eine große Anzahl von Liedern, und die Herausgabe von Liederbüchern war eine der vordringlichsten Aufgaben. Luther selbst, sein musikalischer Mitarbeiter Johann Walter und viele andere bemühten sich, die reformatorischen Gemeinden mit Liedern zu versorgen. Dabei schöpften sie aus verschiedenen Quellen. Aus altkirchlicher Praxis übernahmen sie das verwendbare muttersprachliche geistliche Lied, wie „Christ ist erstanden", andere Lieder dichtete und komponierte man in Anlehnung an altkirchliche Gesänge, wie „Nun bitten wir den heiligen Geist", und man

XXI

scheute auch nicht davor zurück, beliebten weltlichen Liedern die Melodien zu neuen kirchlichen Texten zu entnehmen. Die Lieder „Kommt her zu mir, spricht Gottes Sohn" und „O Haupt voll Blut und Wunden" verwenden als weltliche Melodien die Ballade vom Straßenräuber Lindenschmid und das Liebeslied „Mein G'müt ist mir verwirret". „Ein feste Burg ist unser Gott", der Reformationsgesang schlechthin, von Luther gedichtet, lehnt sich als Text an keine Vorlagen an, verwendet aber in der auch von Luther komponierten Melodie Intonationen des gregorianischen Chorals. So wuchs der protestantische Choral aus der bisherigen geistlichen und weltlichen Liedpraxis heraus, gewann aber eine bis dahin unbekannte Bedeutung für den offiziellen, amtskirchlichen Gottesdienst. Der außerordentliche Erfolg des muttersprachlichen Kirchenliedes für die Ausbreitung und Festigung der neuen Lehre veranlaßte die Katholiken gleichfalls, dem geistlichen Lied besondere Aufmerksamkeit zu schenken. Zeugnisse dafür sind die zahlreichen katholischen Gesangbücher, die im 16. Jahrhundert und später erschienen. In der katholischen Singpraxis lebten die Heiligen- und Legendenlieder innerhalb volkstümlicher Formen der Frömmigkeit weiter. „Es sungen drei Engel ein süßen Gesang", das Einleitungsthema der Symphonie zu Hindemiths Oper „Mathis der Maler", und das Passionslied „Da Jesus in den Garten ging" stehen als Beleg dafür.
Bis in das 19. Jahrhundert hinein sind damit die Entwicklungslinien des geistlichen Liedes festgelegt. Die Beziehung zwischen reformatorischem und altem kirchlichen Lied blieb in der Folgezeit mit wechselnder Intensität erhalten. Natürlich gab es einen Besitz an spezifisch evangelischen und katholischen Liedern, wie „Nun danket alle Gott" auf evangelischer und „Maria wollt einst wandern" auf katholischer Seite; aber es wanderten auch Lieder hinüber und herüber, wie „O Haupt voll Blut und Wunden" zu den Katholiken, „Es ist ein Ros entsprungen" zu den Protestanten. In neuerer Zeit ist diese Gemeinsamkeit sogar durch einen offiziellen ökumenischen Liedkanon institutionalisiert worden.
Das 17. Jahrhundert ist durch den eindrucksvollen Totentanz vom Schnitter Tod in unserer Sammlung repräsentiert, und aus dem 19. Jahrhundert sind uns ältere, im Ausdruck und Inhalt ähnlich starke Lieder überliefert; „Es ist nit allerwege Festabend" und das Sterbelied „Was batt mich ein schönes Haus", bei Protestanten und Katholiken als Lied beim Abscheiden oder beim uralten Brauch der Totenwache gesungen. Von den im 19. Jahrhundert aufgezeichneten Liedern sei besonders auf das sehr alte didaktische Lied von den Heiligen Zwölf Zahlen aufmerksam gemacht, das jahrhundertelang als „Gesprächslied" biblische Fakten vermittelte. Im übrigen haben das 18. und das 19. Jahrhundert mit Ausnahme einiger Weihnachtslieder keine tiefen Spuren bis in die Gegenwart hinterlassen. Die schönsten in dieser Zeit bekanntgewordenen Lieder, wie „Maria durch ein Dornwald ging", sind älter.

So ist denn das geistliche Lied unserer Zeit ganz allgemein durch den Rückgriff auf die Traditionen des 16. und 17. Jahrhunderts gekennzeichnet. Dies gilt nicht nur für die Wiederbelebung der alten Lieder, wie etwa „Es kommt ein Schiff geladen", sondern auch für Neukompositionen, die sich vor allem im Musikalischen an den Liedstil des Mittelalters oder der Renaissance anlehnen, wie im Lied „Wir sind nur Gast auf Erden". Daneben prägt sich eine andere Tendenz aus. Ein neues geistliches Lied entsteht, das im Text deutliche emanzipatorische Züge zeigt und in der Melodie vom Stil gegenwärtiger Unterhaltungsmusik nicht unbeeinflußt ist –„Danke". Oder es wird, wie bei dem Lied „Das könnte den Herrn der Welt ja so passen", auf die uralte Melodie des „Christ ist erstanden" zurückgegriffen.

Die Weihnachtslieder – aus praktischen Gründen am Schluß der geistlichen nach ihrem Alter geordnet – spiegeln noch einmal die allgemeine Entwicklung in ihrer thematischen Besonderheit. Die Strenge der Melodie und der Ernst, mit dem der „Herre Christ" bewillkommt wird, setzen sich in dem nach altkirchlicher Vorlage von Luther gestalteten „Christum wir sollen loben schon" bis zu dem mystischen Text des zu Schiff erscheinenden Wort Gottes fort: „Es kommt ein Schiff geladen"; und auch das Adventslied des 17. Jahrhunderts „O Heiland reiß die Himmel auf" ist mit seiner dorischen Kirchentonart und der Anrufung von Erde, Sonne und Sternen von dem menschliche Maße sprengenden Ereignis der Gottesgeburt bestimmt. Daneben entwickelt sich aber seit dem hohen Mittelalter immer stärker die Betrachtung der Kindesgeburt – der Mensch im neugeborenen Gott, das kleine Kind, das „Jesulein", nicht der „Herre Christ" wird der Adressat vertraulich-frommer Anreden in anmutig bewegten, wiegenden Melodien. „In dulci jubilo" tönen nun die Weisen dem „Kindelein so zart und fein" wie in Luthers „Vom Himmel hoch da komm ich her". Diese Art Weihnachtslieder setzt sich über Friedrich von Spees „Zu Bethlehem geboren" bis ins 20. Jahrhundert fort, bis zu jenem Lied, das in merkwürdiger Verbindung von strenger Anbetung und vertraulicher Anrede „das liebe Jesulein" als den Walter der Welt anruft. Ein Lied dieser Zeit ist es dann auch, das neben der Lorelei von Heine/Silcher und dem Guten Kameraden von Uhland das am weitesten bekannte deutsche Lied wird: Grubers und Mohrs „Stille Nacht, heilige Nacht". Das 19. Jahrhundert aber kultiviert daneben noch eine Gattung Weihnachtslied, die das weihnachtliche Geschehen mit sekundären Merkmalen – Tannenbaum, Schnee, Glocken, Geschenke – sentimentalisiert, überwuchert, ja unkenntlich macht. Kein Wunder, wenn die Reaktion auf eine derartige Veräußerlichung in den letzten Jahrzehnten unseres Jahrhunderts einigermaßen herb ausfällt: „Wer nach Bethlehem fliegen will."

So ist hier versucht worden, die Liedgattungen als Antworten auf gewisse Grundeinstellungen des Menschen deutlich zu machen.

Und dabei ergibt sich der merkwürdig widersprüchliche, aber gerade in diesem Widerspruch so bezeichnende Sachverhalt, daß sich einerseits Grundhaltungen sehr wenig ändern, andererseits ihre Darstellung und Akzentuierung stetem Wandel unterworfen sind. Darüber wird in anderem Zusammenhang noch etwas zu sagen sein.

Wort und Ton

Zum Lied im eigentlichen Verstande des Wortes gehören Text und Melodie; ein gesprochenes Gedicht, eine wortlos gesummte Weise ist noch kein Lied, es will nicht gesprochen, es will gesungen sein. Der Text gewinnt durch die Melodie eine Überhöhung, intensivere Wirkung – und vor allen Dingen die Möglichkeit gemeinsamer, gruppenmäßiger Ausführung im Singen. Es ist schlecht vorstellbar, daß eine Gruppe gemeinsam ein Gedicht spricht, aber ganz selbstverständlich, daß sie es singt. Wenn die Melodie aber für den Gruppengesang geeignet sein soll, besonders für den Gesang solcher Gruppen, die nicht aus künstlerischem Darstellungsdrang und mit besonderer Vorbildung Lieder singen – wie etwa geschulte Chöre –, sondern Laiengruppen, denen es darum zu tun ist, ihrem gemeinsamen Fühlen und Handeln direkten, schlichten Ausdruck zu verleihen – dann muß auch die Melodie zu einem Lied einfach sein. Sie darf die Möglichkeiten eines normal begabten Menschen nicht übersteigen, keinen übergroßen Umfang haben, keine schwierigen, will sagen ungewohnten Tonschritte und Sprünge oder Rhythmen aufweisen. Somit entspricht eine gewisse Einfachheit im Musikalischen der schon hervorgehobenen Überschaubarkeit des einfach gegliederten Textes.

So sind grundsätzlich die Lieder beschaffen, die hier dargeboten werden: Lieder für den Gebrauch in Gruppen, die nicht durch besondere künstlerische Leistungen – vielleicht sogar für ein Publikum – hervortreten, sondern im Singen ihr eigenes Leben für sich gestalten wollen. Damit sind Lieder wie die hier versammelten von der kunstmäßigen Produktion mit besonderen technisch-musikalischen Anforderungen ausgeschlossen. Und es ist klar, daß mit dem Wegfall besonderer technisch-musikalischer Schwierigkeiten die Melodie auch darauf verzichtet, den Text in allen Einzelheiten, sehr subtil, sehr eigenwillig oder gar nach dem höchst persönlichen Stil eines Komponisten in unverwechselbarer Individualität auszudeuten. Mit einem Wort: wir scheiden die im Gesang der Gruppen umlaufenden Lieder von den individuellen Kunstliedern. Und das hat eben seine Folgen für das Verhältnis von Wort und Ton der hier dargebotenen Gruppenlieder.

Das Wort-Ton-Verhältnis gründet in einer generellen Übereinstimmung von Text und Melodie; beide wollen auf ihre Art das gleiche. Der musikalische Ausdruck muß dem Gehalt des Textes entsprechen oder, vorsichtiger ausgedrückt, er darf ihm nicht widersprechen. Damit soll nicht gesagt sein, daß hier das Verhältnis von Wort und Ton unbedingt so eng sein muß, daß zu einem bestimmten Text nur eine bestimmte Melodie paßt. Beim Mustern der Melodien findet sich immer wieder — und die Anmerkungen zu einzelnen Liedern weisen dies wiederholt aus —, daß ein Text verschiedene Melodien haben kann und zu einer Melodie ganz verschiedene Texte sich fügen. Vor allem im Mittelalter gilt dies für die Übertragung weltlicher Melodien auf geistliche Texte. Da soll die Beliebtheit der Melodie als Vehikel für die Verbreitung erwünschter Textinhalte genutzt werden. In diesem Falle spricht man von Kontrafaktur. Aber auch das Umgekehrte geschieht, daß man — etwa im sozialkritischen Lied — geistliche Melodien zu weltlichen Texten verwendet, etwa die Melodie „Stille Nacht" zu einem Streiklied oder ein Wallfahrtslied zu einem Landsknechtslied. Dieser Vorgang wird als Parodie bezeichnet. Es kann ferner geschehen, daß sehr beliebte Texte sich im Laufe der Jahrhunderte, dem musikalischen Geschmackswandel folgend, neue Melodien zulegen. Zur Ballade von Graf und Nonne, zum Schloß in Österreich, auch zu den Königskindern sind aus verschiedenen Zeiten sehr verschiedene Melodien überliefert, und zu der Ballade vom Wassermann und der Geschichte von Graf und Magd kennen wir überhaupt nur die jüngste Überlieferung, wenngleich die Lieder als sehr alt bezeugt sind.

Nun sind freilich die geistigen Voraussetzungen bei solchem Austausch von Texten und Melodien in den einzelnen Epochen der Geistesgeschichte verschieden. Im Mittelalter war der Kompositionsstil auch der weltlichen Musik durchaus vom Stil der geistlichen Musik abhängig. Die ersten Missionare brachten mit dem neuen Glauben auch eine neue Musik. Die vorchristliche musikalische Überlieferung verschwand und ist heutzutage nur spekulativ in Spuren greifbar, wie bei gewissen melodisch-tonalen Strukturen der Ostersequenz und dem aus ihr entwickelten „Christ ist erstanden" oder einzelnen, eher zufällig überlieferten Spielmannsmelodien. Deshalb war der Gegensatz „weltlich—geistlich" in der mittelalterlichen Musik bis weit in die Renaissance hinein kein ästhetischer und in Kategorien der Kunst zu definierender, sondern ein funktionaler, der sich aus Anlaß und Ort der Ausführung bestimmte. Daher eben war es leicht möglich, geistliche und weltliche Texte oder Melodien auszutauschen.

In dem Maße, wie sich mit Beginn der Neuzeit, seit 1600 etwa, die weltliche Musik auch stilistisch von der geistlichen löst und bald die dort entwickelten Strukturen sogar die geistliche Musik beeinflussen, entsteht ein neues Spannungsfeld zwischen geistlich und weltlich, das nun auch ästhetisch-stilistisch zu definieren ist. Während die mittelalterliche Innsbruck-Melodie und „Mein G'müt ist mir verwirret" noch ohne große Umstände zu geistlichen Texten gefügt werden konnten, waren schon sehr subtile Eingriffe nötig, um die Melodie des Liebesliedes aus dem 18. Jahrhundert „Ein schwarzbraunes Mädchen hatt' einen Feldjäger lieb" in das Soldatenlied „Ich hatt' einen Kameraden" umzuwandeln. Andererseits aber fügte sich die Melodie „Zu Bethlehem geboren" anstandslos zu Zuccalmaglios Abendlied „Die Blümelein sie schlafen". Ganz abgesehen von der Tatsache, daß politische Kampflieder selbst bei extremer Gegensätzlichkeit der Ideologien ihre Melodien ohne weiteres austauschen können, weil nämlich hier die provozierende Tongebärde als solche wirksam wird, ohne Rücksicht darauf, wozu sie provoziert.

Damit kommt ein weiterer Gesichtspunkt, der das Verhältnis von Wort und Ton bestimmt, ins Blickfeld: das Verhältnis der Liedergattungen zueinander. Gewisse Gattungen prägen, von ihren spezifischen Inhalten bestimmt, gewisse musikalische Strukturen aus, die nicht ohne weiteres auf Inhalte anderer Gattungen übertragen werden können. Ein sehr deutliches Beispiel sind Spott- und Scherzlieder. Im Bestreben, die hier unter Umständen sehr wichtigen Einzelheiten des Textes genau verständlich zu machen, formen sie einen häufig auf einem Ton verweilenden Sprechgesang mit scharf akzentuierten Rhythmen aus — etwa „Die Leineweber haben eine saubere Zunft". Solche Melodien lassen sich auf Schlaf- oder Kirchenlieder nicht übertragen. Ebenso sind schwungvolle Tanzmelodien und -rhythmen auf tragische Balladenstoffe, die auffordernde Gestik der Melodien von Kampfliedern auf stimmungsvolle Liebeslieder nicht übertragbar. Auch die sanfte melodische Bewegung und die kontrastarme Rhythmik von Wiegenliedern ist für andere Gattungen kaum zu nutzen. Manchmal freilich genügen kleine Änderungen, um eine Melodie einem ganz anderen Text als ihrem ursprünglichen anzupassen. Die der wirkungsvollen Textdeklamation dienende rezitierende Langzeilenmelodik alter Balladenweisen wie „Hildebrand", „Tannhäuser" oder „Bernauerin" ist auf eine wechselseitige Steigerung von Wort und Ton gegründet und insofern typisch für Balladenmelodien bis in das 16. Jahrhundert. Doch konnten solche Melodien — etwa die zu der „Schlacht von Pavia" — durch leichte, auf rhythmische Bewegung und Gleichförmigkeit abzielende Änderungen in eine zum Gemeindechoral passende Weise verwandelt werden: „Kommt her zu mir, spricht Gottes Sohn". Und auch Haslers ausdrucksvolle Komposition des Liebesliedes „Mein G'müt ist mir verwirret" gestaltete sich durch eine ähnlich rhythmische Planierung zu einer Melodie, die sich geistlichen Texten wie „O Haupt voll Blut und Wunden" aufs beste fügte.

Somit ist das Verhältnis von Wort und Ton bei den in laienmäßigem Umgang gehandhabten Liedern innerhalb weiter Grenzen und unter genau zu definierenden Bedingungen ziemlich freizügig, doch nicht willkürlich. Die Melodie gibt einen allgemeinen Stimmungsrahmen, der auf unterschiedliche Art mit Text zu füllen ist. Auf eine variantenreiche, subtile Ausdeutung des Textes muß sie ja schon deshalb verzichten, weil sie zu allen Strophen des Gedichtes passen muß — im Gegensatz zu den Arien und Kunstliedern professioneller Künstler, die mit größerem technisch-musikalischem Aufwand detailliertere Textausdeutung in durchkomponierten Großformen gestalten können.

Überlieferung

Als die dem „Volkslied" spezifische Form der Überlieferung wurde seit Herder, der mit dieser Wortschöpfung vor mehr als 200 Jahren die in der Breite der Population umlaufenden Lieder in das Bewußtsein der Gebildeten hob, die mündliche Überlieferung — und nur sie — angesehen. Im Volke entstanden, so suggerierte Herder, pflanzten sie sich in ihm fort ohne Hilfe und Einfluß der „Letternkunst", der künstlichen Verbreitungsmethoden der Gebildeten, nur so: von Mund zu Mund, von Ohr zu Ohr. Es wurde der auf Herder aufbauenden Volksliedforschung bis in die Gegenwart deshalb die mündliche Verbreitung der Lieder geradezu zu einem wesentlichen Definitionsmerkmal. Nur das mündliche, in der schriftlosen Tradition verbreitete Lied sollte als „echtes", als „eigentliches" Volkslied gelten. Verbreitung durch Druck, Lernen aus Liederbüchern oder gar nach Medien wie Rundfunk, Fernsehen, Schallplatte, Tonband und Musikkassette waren Zeichen des Verfalls „echter", „eigentlicher" Volksliedtradition. Verfolgt man aber unvoreingenommen die verschlungenen Pfade der Weitergabe von Liedern durch die Jahrhunderte, dann erweist es sich als gefährlich, einen solch strikten, einschränkenden und ausschließenden Glaubenssatz anzunehmen. Denn auf dieser Einbahnstraße der Überlieferung wird man nicht gewahr, auf welch vielfältige andere Arten Lieder sich seit eh und je tatsächlich verbreiteten. Und weil die Überlieferungstechniken auch manches Charakteristische über die Lieder selbst aussagen, seien sie hier in Verbindung mit historischen, geistesgeschichtlichen und sozialen Gegebenheiten dargestellt.

Dabei ist zunächst und grundsätzlich einmal festzustellen, daß die mündliche Überlieferung in der Tat bis auf den heutigen Tag als wichtigste Form der Überlieferung anzusehen ist: das Erlernen von Liedern durch Vor- und Nachsingen etwa in Familien und Freundesgruppen. Von der Bedeutung dieser Vermittlungstechnik kann sich jeder sehr schnell überzeugen, wenn er überlegt, wie viele der ihm bekannten Lieder er durch mündliche Überlieferung kennengelernt und wie viele Lieder er sich individuell durch das Lernen aus einem Liederbuch oder nach einer Schallplatte angeeignet hat. Doch darf dabei nicht übersehen werden, daß handschriftlich angelegte Liederbücher seit den frühesten Zeiten, gedruckte Liederbücher und Flugblätter seit der Erfindung des Buchdrucks in den Prozessen mündlicher Überlieferung eine große Rolle spielen: zur Bewahrung der mündlichen Tradition und als ein ständig bereites Mittel, neue mündliche Traditionen in Gang zu setzen. Auch die in den letzten Jahren außerordentlich verstärkten Möglichkeiten, durch Schallplatten, Tonbänder, Musikkassetten, Rundfunk und Fernsehen Lieder zu übermitteln, müssen in diesem Zusammenhang gesehen werden. Es ist ja nicht nur so, daß der einzelne durch diese Medien – in einer Art indirekter Massenkommunikation – Lieder lernt; das ist eine ganz neue Dimension der mündlichen Überlieferung. Wie beim Medium des Druckes, also beim Liederbuch, können sich aber auch mit den modernen Medien die alten Formen der mündlichen Überlieferung verbinden, indem beispielsweise ein einzelner – eine Kindergärtnerin, ein Lehrer – Lieder durch diese Medien lernt, diese Lieder aber dann in der alten Form mündlicher Überlieferung an seine Gruppe weitergibt oder aber das Weitergeben der Lieder in mündlicher Tradition wiederum durch die Benutzung solcher Hilfsmittel wie Schallplatte oder Tonband unterstützt. Diese Technik der mündlichen Überlieferung gewinnt zunehmende Verbreitung. Daraus folgt, daß die ganze Breite der Möglichkeiten von Liedüberlieferung im Auge behalten werden muß, wenn diese Überlieferung nun unter geistesgeschichtlichen und sozialen Gegebenheiten in ihrem geschichtlichen Ablauf geschildert werden soll.

Lieder des Mittelalters sind fast ausschließlich durch schriftliche, später durch gedruckte Überlieferung bis auf die heutige Zeit gekommen: nur wenige Lieder lebten in ungebrochener mündlicher Tradition, von schriftlicher Überlieferung unbeeinflußt, bis an die Schwelle der Gegenwart. Das bedeutet aber, daß jene über das zu Erhaltende und Weiterzugebende befanden, die schreiben konnten: Geistliche, gebildete Laien und Musiker. Damit war eine bewußte Auswahl des Traditionsgutes gegeben. Und es nimmt nicht wunder, daß auf diese Weise ganze Gattungen nur spärlich, mehr zufällig oder gar nicht überliefert wurden. So fiel natürlich alles aus, was mit der vorchristlichen Tradition zusammenhing. Aber auch kritische und derbe Lieder des Mittelalters sind, wie das Lied von Mönch und Nähterin, eher zufällig als „Curiosum" überliefert oder gar nicht, wie die Lieder der aufständischen Bauern. Daß das Lied vom schwarzen Mönch aber noch im vorigen Jahrhundert an der Mosel aus mündlicher Tradition aufgezeichnet werden konnte, zeigt, daß neben der offiziellen, kanonisierten Form schriftlicher Aufzeichnung eine mündliche Tradition herlief. Sie bewahrte einen Liedbesitz, den man als untergründig, apokryph und damit in seinem Bestand als gefährdet ansehen muß. Die Überlieferung der Melodien war dabei noch ungesicherter als die der Texte. Nicht alle Liederhandschriften nämlich teilen auch die Melodien mit und die Noten der frühesten Handschriften, wie das Petruslied oder die Carmina burana, sind entweder überhaupt nicht mehr oder nur auf sehr unsichere, indirekte Art zu entziffern. Am besten sind die Melodien dann überliefert, wenn sie von Komponisten zu mehrstimmigen Bearbeitungen verwendet wurden oder wenn man weltliche Melodien zu geistlichen Texten nutzte und sie dann handschriftlich oder durch den Druck bewahrte. Die Anmerkungen belegen, daß die Tradierung des mittelalterlichen Liedes in der Hauptsache auf solchen Überlieferungswegen geschah. Leicht einzusehen, daß dadurch die Überlieferung—unter weltanschaulichem und ästhetischem Aspekt—von einer gewissen Einseitigkeit war. Lieder derben Inhalts und schlichter Form wurden seltener überliefert als jene, die fromme Themen behandelten oder die Gebildeten eher ansprachen, weil sie inhaltlich und formal eine künstlerische Gestaltung ausprägen, die sie für eine gehobene Geselligkeit geeignet erscheinen lassen. Solche Lieder nähern sich häufig einer eher kunstmäßigen Tradition und werden wohl auch als „Hofweise" bezeichnet. Die Lieder „Innsbruck ich muß dich lassen" und „Ich armes Maidlein klag mich sehr" stehen hier als Beispiele.

So dringen Elemente hochgebildeter Kunst des Minnesangs in bürgerliche Schichten. Nicht nur der Meistersang lebt von der Erbschaft der Minnesänger, wie aus der Paraphrase des Hans Sachs über das Salve Regina deutlich wird. Die bedeutsamste Form minnesängerischer Melodik, die aus zwei gleichen Stollen und einem Abgesang mit neuem Melodieteil bestehende Barform, prägt zahlreiche Liedmelodien bereits vor und noch Jahrhunderte nach dem Meistersang. In dieser Sammlung finden sich zahlreiche Belege. Zwischen der Überlieferung der Gebildeten und der ungelenkten, schriftlosen Tradition jener Schichten, die nicht über das Medium von Schrift und Druck verfügen, findet auf diese Weise ein ständiger Austausch statt.

Mit der Erfindung des Buchdrucks und seiner Nutzung für den Notendruck gewinnt die Liedüberlieferung zwar eine ganz neue Dimension — theoretisch — ungehemmter Verbreitung; da sich aber geistliche und weltliche Obrigkeit die Aufsicht über dieses neue Medium durch den Vorbehalt der Druckerlaubnis und der Zensur sicherten, wurden die Verbreitungsmöglichkeiten praktisch eingeschränkt. Für das geistliche Lied nutzten die Reformatoren und angesichts deren Erfolge auch die Katholiken sofort diese neue Möglichkeit systematisch. Der Druck weltlicher Lieder beschränkte sich auf mehrstimmige Kunstkompositionen, die eben auch Lieder der popularen Tradition bearbeiteten und so erhielten, oder auf den Druck von Flugblättern, die häufig nur den Text brachten und angaben, nach welcher, zu einem anderen Text bekannten Melodie das Lied zu singen war: „Im Ton von . . ."

Die Überlieferung des 17. Jahrhunderts ist charakterisiert durch eine skeptische Zurückhaltung der Gebildeten von den „gemeinen", das heißt sowohl von den allgemein, in weiten Bevölkerungskreisen verbreiteten, wie aber auch den unanständigen, derben, rohen Liedern. Handschriftliche Liedersammlungen gebildeter Bürger, wie die hier genutzte Ebermannstädter Liederhandschrift, übermitteln dann auch wohl Lieder, in denen Themen und Figuren des Alltags aufgegriffen werden, aber die Schäferlieder beispielsweise sind nicht solche, die die Schäfer tatsächlich singen, sondern Lieder von Gebildeten über das Schäferleben, so wie der Gebildete es sich ausmalt; und auch die Naturlieder sind mit dem Bildungsgut des Bürgertums be- wenn nicht überfrachtet: „Was könnte wohl Edleres auf Erden". Diese Art bürgerlicher Geselligkeit setzt sich bis ins 18. Jahrhundert fort und überliefert einen Liedtyp, der an der Grenze zum Kunstgesang angesiedelt ist und von den in dieser Zeit umlaufenden „gemeinen" Liedern bewußten Abstand hält. Auch musikalisch gesehen handelt es sich um Lieder gehobener Geselligkeit. Das Cembalo tritt häufig als begleitendes Generalbaß-Instrument auf, und es werden einfache Formen der Kunstmusik, etwa das Menuett, in Liedformen übertragen: „Der hat vergeben das ewig Leben". Daneben aber entdeckt im Laufe des 18. Jahrhunderts aufklärerische Geisteshaltung „das Populäre" als etwas Positives, nämlich als die Möglichkeit, mit entsprechend leicht hergerichteter Kunst Breitenwirkung zu gewinnen und auf diesem Weg auch pädagogisch, nützlich, moralisch „aufklärend" auf weite Kreise der Bevölkerung einzuwirken. Diese Zuwendung der Gebildeten zum „Volk" im Sinne der Vielen brachte eine breite Produktion an textlich und musikalisch leicht faßlichen Liedern hervor. Sie priesen vor allem jene Tugenden, die für das Gedeihen öffentlichen Lebens nützlich waren: Fleiß, Zufriedenheit, Frömmigkeit und „erlaubte Fröhlichkeit", wie es in einem der bekanntesten, weit ins 19. Jahrhundert wirkenden aufklärerischen Liederbücher, dem Mildheimischen Liederbuch hieß. „Was frag ich viel nach Geld und Gut", „Als ich auf meiner Bleiche" stehen dafür als Beispiele. Interessant ist in diesem Zusammenhang die Tatsache, daß das Lied „Üb immer Treu und Redlichkeit" nur in einigen Rahmenstrophen überliefert ist, die sozialkritischen Strophen aber in fast allen Fassungen unterdrückt wurden. In mündlicher, durch Flugblätter gestützter Überlieferung jedoch lebte dieses Lied mit allen Strophen, ja sogar mit einer noch hinzugedichteten, weiter. Denn auch im 18. Jahrhundert lief neben dieser öffentlichen Liedüberlieferung durch gedruckte Liederbücher die unbeachtete mündliche Tradition her. Sie bewahrte alte Lieder, paßte sie einem veränderten Geschmack an, und es entstanden mehr oder weniger anonym auch neue Lieder, die aus dem Alltagsleben der singenden Gruppen herauswuchsen und dieses Alltagsleben in mehr oder minder derben, direkt zupackenden, poetischen und kritischen Liedern widerspiegeln. Diese Lieder der mündlichen Tradition wurden nun vor allem durch Johann Gottfried Herder im Laufe der 70er Jahre in das Bewußtsein der Gebildeten gehoben. Er machte darauf aufmerksam, welch ein Schatz von Poesie in diesen einfachen, durch Jahrhunderte tradierten Liedern zu heben war. Im Gegensatz zur „Letternkunst" der Gebildeten stellten sie für ihn den urtümlichen, aus den natürlichen Quellen des Volkes gespeisten, unvergänglichen Schatz der „Volkspoesie" dar: im „Volke" – nicht im Sinne der Vielen oder der „unteren Volksklassen" oder gar des „Pöbels", sondern einer quasi mythischen Gemeinschaft – seit jeher lebend, in ihm auf geheimnisvolle Weise entstanden und fortlebend, bildeten diese „Volkslieder", wie er sie nannte, das verehrungswürdige Erbe vergangener Zeiten. Aus gedruckten Liedsammlungen, vor allem aber aus Aufzeichnungen der mündlichen Tradition, zu denen er auch den Straßburger Studenten Goethe anregte, trug er Dokumente der Überlieferung zusammen. Seine Veröffentlichungen, besonders die 1778/79 in zwei Teilen erschienenen „Volkslieder", bedeuten den Beginn der neueren Sammlung und Erforschung dessen, was man nun – mit ihm – „Volkslieder" nannte.

Es ist nicht zu verbergen, diese Sammlung bezeugt es und auch Herder blieb es nicht verborgen, daß nun nicht alles in mündlicher Tradition Weitergegebene dem hehren Bild entsprach, das Herder vom „Volkslied" entworfen hatte. Doch wurden Herder und seine Nachfolger bis in die Gegenwart damit leicht fertig. Lieder, die wegen ihrer realistischen Direktheit, wegen ihrer groben Ausdrucksweise oder ihrer unpoetischen Gehalte zu dem idealen Bilde, das Herder vom Volkslied entwarf, nicht paßten, galten eben nicht als „echte" Volkslieder, als „Gold", sondern als Pöbelgesang, „Schlamm", und Herder klagte darüber, daß man nur noch wenige Goldkörner in Schüsseln von Schlamm fände. Denn in der mündlichen Tradition lebten zu Herders Zeit nebeneinander die hochpoetische Ballade „Herr von Falkenstein", das derb-erotische „Jungfer Lieschen" und die verkünstelt sentimentale Romanze „Ich liebte nur Ismenen".

Diese Idealisierung des Volksliedes und seiner Überlieferung unter Ausschluß des Unpassenden war einer der drei Züge, welche die Tradition des 19. Jahrhunderts prägten. Sehr viele schöne Lieder wurden gesammelt, wissenschaftlich erforscht und für den praktischen Gebrauch in Liederbüchern aufbereitet. Für die Verbreitung in weiten Kreisen setzten sich vor allem die Lehrer ein, nicht ohne dieser Popularisierung der Volkslieder einen weiteren, wichtigen Zug hinzuzufügen: Die Pädagogisierung der Überlieferung. Sie nahm nicht immer so groteske Mittel zur Hilfe, das Wort „Liebchen" durch „Onkel" zu ersetzen, doch war man darauf bedacht, Erotisches nur sehr zurückhaltend zur Darstellung zu bringen und „Unpassendes" oder „Unedles" einfach wegzulassen. Sozialkritisches wurde überhaupt nicht in diese gelenkte Pflege der Überlieferung aufgenommen. Als dritter Zug, der die Überlieferung des 19. Jahrhunderts bestimmte, kam nun noch – besonders nach der gescheiterten Revolution von 1848 – die Ideologisierung hinzu. Wie im 18. Jahrhundert die Aufklärer, so sah jetzt die Obrigkeit in dem so hoch geschätzten Volkslied ein Mittel der Massenerziehung.

Erziehung zu Bescheidenheit nach innen, zu selbstbewußter Vater-
landsliebe und Wehrhaftigkeit nach außen ließ sich trefflich durch
entsprechende „Volkslieder" unterstützen. Ihre Verbreitung be-
sorgten Armee, Kirche, Schule und Vereine der Sänger, Turner,
Schützen. Man förderte solche ideellen, pädagogischen und ideologischen Ziele nicht nur durch die alt-tradierten Lieder; es wurden
auch viele Lieder neu geschaffen. Lehrer und Chordirigenten vor allem waren es, die hier Herders ideale Volksliedauffassung weiter-
trugen, sie aber auch pädagogisch auswerteten und ideologisch
nutzten.

Das nichtkonforme Lied, das satirische, das politische oder sozial-
kritische, konnte nur unter erschwerten Bedingungen – anonym
oder im Ausland – durch den Druck überliefert werden. Die staatliche Zensur überwachte, beschlagnahmte und bestrafte, wo es ihr
nötig schien. Diese kanonisierte und institutionalisierte Überlieferung brachte der Bevölkerung einen breiten, mehr oder minder gern
angenommenen und bis heute wirksamen Liedbesitz. Die meisten
der heute beliebten Lieder stammen aus dem 19. Jahrhundert:
„Der Mond ist aufgegangen", „Kein schöner Land", „Am Brunnen
vor dem Tore", „Stille Nacht, heilige Nacht". Und neben diesen
institutionalisierten und sie bewußt unterlaufenden Überlieferungs-
strängen bestand die mündliche Tradition altüberkommener Lieder
unbekümmert weiter. Manche sehr alte Überlieferung wurde erst
durch Fassungen des 19. Jahrhunderts bekannt, wie die Ballade
vom „Wassermann" zeigt. Über Breite und Vielfalt dieser Tradition
sind wir im vollen Umfang erst durch die zunehmende Sammel-
und Editionstätigkeit in unserem Jahrhundert unterrichtet.

Die Liedtradition unseres Jahrhunderts ist durch drei zeitlich auf-
einanderfolgende, in ihrem Wesen sehr verschiedene Schübe gekennzeichnet. Um die Jahrhundertwende war es der Wandervogel,
der, einer von musischen Kräften getragenen, naturverbundenen
Lebensanschauung folgend, für seine Gruppen das Singen als be-
fruchtende und befreiende Tätigkeit, das Lied als Mittel der Ge-
meinschaftsbildung erkannte, sich von dem auf äußerliche Effekte
spekulierenden Modelied und Gassenhauer abwandte. Dafür ent-
deckte er, die Arbeit der idealistischen Volksliedforscher im
19. Jahrhundert nutzend, das mittelalterliche Volkslied neu und
verbreitete es vor allem durch eines der erfolgreichsten Liederbücher, den Zupfgeigenhansl, Anreger und Vorbild für ungezählte
ähnliche Publikationen. Neben dieser, auch durch unbefangene
Eingriffe in die altüberlieferte Gestalt der Lieder gekennzeichneten
Überlieferung entstand im Wandervogel auch ein neues Jugendlied,
häufig „Fahrtenlied" genannt, das vor allem Freude am Abenteuer,
Fernweh, Sympathie für gesellschaftliche Randfiguren, Lands-
knecht und Zigeuner etwa, ausprägte.

Der zweite Schub vollzog sich im Verlauf jener unglückseligen
zwölf Jahre, die das tausendjährige Reich herauffführen sollten.

Er kündigte sich zunächst und schon vor der „Machtübernahme" der Nationalsozialisten in sentimental-provokativen „Kampflie-dern" an. Nach der Etablierung der NS-Herrschaft folgte dann die Welle der hymnisch-übersteigerten ideologischen Gesänge und — so-zusagen als Fortsetzung der Jugendbewegung — ein neues Jugend-lied, das musikalisch häufig auf den Liedstil des 17. Jahrhunderts zurückgriff, textlich an das Jugendlied des Wandervogels und seine Gemeinschaftsideologie anknüpfte, wobei der Übergang zur natio-nalsozialistischen Ideologie fließend war. „Kampflied" und ideolo-gische Hymne sind natürlich nun aus der Überlieferung geschwun-den. Einige Jugendlieder aus der NS-Zeit, deren ideologische Besetz-ung von Jüngeren nicht mehr nachvollzogen wird — „O du stille Zeit" — werden, wenn auch nicht unumstritten — bis in die Gegen-wart gehandhabt. Da ein Teil der Jugendlieder aus der Wandervogel-tradition, etwa „Jenseits des Tales" oder „Wie oft sind wir geschrit-ten", auch in der NS-Zeit weitergesungen wurde, werden sie in Un-kenntnis der Überlieferung heute gelegentlich für NS-Lieder gehal-ten. Neben dieser offiziellen Liedvermittlung aber lief eine Überlie-ferung im Untergrund. Widerstandsgruppen und Einzelpersonen be-dienten sich der Anti-Nazilieder zur Artikulierung ihrer Gegenposi-tion, und sofort war auch — wie in früheren Zeiten — die Obrigkeit mit Verbot und Strafe zur Stelle.
Zusammenbruch und Neubeginn nach 1945 äußerten sich als drit-ter Schub in der Liedtradition uneinheitlich. Natürlich verschwan-den die Nazigesänge, doch wurde die Tradition des Wandervogels vor 1933 wieder aufgenommen, und es entstand in ähnlichem Stil zum dritten Mal in diesem Jahrhundert ein „Jugendlied", ein „Fahrtenlied", geprägt von Abenteuerlust und Gefühlen der gesell-schaftlichen Sonderstellung nachpubertären Selbstbewußtseins. Die aktive Auseinandersetzung sowohl mit der NS-Zeit, der vorangegan-genen Wandervogelbewegung und den gegenwärtigen gesellschaftli-chen Zuständen ereignete sich nicht 1945, sondern erst in den „Protestliedern", deutlich in den frühen 60er Jahren, als F.J. De-genhardt die provozierende Frage stellte „Wo sind eure Lieder, eure alten Lieder?". Hier, in der Singpraxis von Jugendliedern und liedvermittelnden Erwachsenen, wird die Überlieferung in Frage gestellt, kritisiert, ja denunziert. Flucht ins ausländische Lied, pro-vozierender Protest und kritische Distanz zur etablierten Gesell-schaft, ja Verachtung des Singens prägten die Überlieferung der letzten Jahrzehnte; bis endlich in den letzten Jahren die Liedaskese schwindet und man entdeckt, daß der Mensch, im Grunde ein sin-gendes Wesen, sich nicht aller Überlieferung schämen muß.
Unabhängig vom Streit der Meinungen und der kritischen Distanz vor allem der Schule und der jungen Leute, ist das Liedsingen wei-tergegangen, hat die dürren Jahre zwischen 1960 und 1975 über-dauert und wird nun wieder mehr als das gesehen, was es eigentlich ist: eine ganz normale menschliche Äußerung.

Zu einer Bedeutung, die nur mit der Nutzung des Buchdrucks für die Liedüberlieferung seit dem 16. Jahrhundert zu vergleichen ist, scheinen in unserem Jahrhundert sich die elektronischen Medien zu entwickeln. Schallplatte und Tonband, Rundfunk und Fernsehen gewinnen in den letzten Jahren eine immer größere Bedeutung für die Überlieferung von Liedern. Waren sie vor etwa zehn Jahren noch ziemlich gering an der Liedüberlieferung beteiligt, so ist ihre Bedeutung nachweisbar gewachsen, und es bildet sich jene ganz neue Art der mündlich-indirekten Überlieferung durch elektronische Medien, von der eingangs dieses Kapitels bereits die Rede war.

Schon bei diesem flüchtigen Blick über Beweggründe, Träger, Materialien und Techniken der Überlieferung ergibt sich, wie vielfältig die Vorgänge sind, die unter der Bezeichnung Liedüberlieferung zusammengefaßt werden. Die Frage ist: wer überliefert aus welchen Gründen was an wen? Und auf welche Weise geschieht dies? Es kann eine Überlieferung innerhalb sozial- und bildungsmäßig Gleichgestellter stattfinden, es können aber auch die sozial und ihrer Bildung nach Bessergestellten an die unteren Sozial- und Bildungsschichten Lieder vermitteln. Die Gründe können verschieden sein: es kann ganz unreflektiert weitergegeben werden, was gefällt, es kann vermittelt werden, was die Beteiligten in ihrem Selbstverständnis und ihrem Zusammengehörigkeitsgefühl bestärkt oder was die Maßgebenden nach ihrem ästhetischen, ethischen oder politischen Wertsystem der Vermittlung an die „unteren" Schichten für vermittelnswert halten. Aus der Antwort auf diese vorab zu entscheidenden Fragen folgt dann, welche Lieder vermittelt und — ebenso wichtig — welche nicht vermittelt werden. Schließlich sind auch noch der Ort und die Vermittlungstechnik wichtig. Ist es die Familie, die informelle Freundesgruppe, eine Arbeitsgruppe, ein Verein, eine Partei, eine Organisation, eine staatliche oder kirchliche Institution? Und es kommt auch auf die Technik der Vermittlung an: Erfolgt sie in Kleingruppen, die ihren Liedbesitz und ihr Singen selbst bestimmen, oder werden sie — und in welchem Maße — durch übergeordnete Institutionen gesteuert? Werden gedruckte Liederbücher herangezogen? In welcher Weise und in welchem Umfang werden elektronische Medien benutzt? Was mit diesen Fragen klargestellt sein soll: Liedüberlieferung ist kein geheimnisvolles Zuraunen durch die Jahrhunderte, sondern ein sehr vielgestaltiger Prozeß sozialen Handelns, zum Teil spontan und unreflektiert, aber weitgehend auch sehr wohl überlegt, sehr bewußt gebraucht — und mißbraucht.

Aus der mündlichen Überlieferung leitet sich auch die Erscheinung her, daß die Lieder durch diese Art der Überlieferung ständigen Veränderungen unterworfen sind, so daß es von einem Lied unter Umständen eine große Anzahl von Varianten gibt. Jeder, der diese Sammlung durchgeht, wird — vielleicht zu seinem Ärger — finden, daß ein ihm bekanntes Lied hier in einer etwas anderen textlichen oder musikalischen Gestalt erscheint als in der ihm vertrauten. Das liegt unvermeidbar in der Natur mündlicher Überlieferung, die ein ständiges „Umsingen" mit sich bringt.

Aber nicht nur solche Veränderungen bewirken einen ständigen Wandel der überlieferten Lieder. Ein Blick über die in dieser Sammlung dargebotenen Lieder, die ja innerhalb der inhaltlich bestimmten Gruppen nicht ohne Absicht in historischer Folge erscheinen, zeigt: wie der Stil der professionell dargebotenen „hohen" Kunst, so wandelt sich auch das schlichte Lied der Laien durch die verschiedenen Stilepochen. Zeigt es im Mittelalter die Kirchentonalität, die melismatisch mit vielen Noten über eine Silbe und rhythmisch frei schwingende Melodik, so entwickelt es sich später zur Dur-Moll-Tonalität und zu festerer, dem Taktmetrum sich fügender Rhythmik. Im 18. Jahrhundert prägt es die klassische Periodenform der Achttaktigkeit aus, die es im 19. Jahrhundert zwar grundsätzlich beibehält, aber vor allem durch Verwendung größerer Intervalle zu stärkerem romantischem Ausdruck steigert. Das Lied der Gegenwart kann naturgemäß die komplizierten Entwicklungen der Kunstmusik vom Impressionismus zur Atonalität, Zwölftonmusik und serieller Musik nicht nachvollziehen, zeigt aber doch auf seine Art in der Überwindung klassischer Periodik, romantischen Gefühlsüberschwangs, im Rückgriff auf mittelalterliche tonale und rhythmische Formen oder in der Übernahme rhythmisch-melodischer Elemente gegenwärtiger Unterhaltungsmusik Ansätze zu neuen Entwicklungen. Will man diese stilistische Entwicklung an wenigen Liedern einmal sozusagen im Tempo eines Zeitraffers an sich vorüberziehen lassen, vergleiche man die Lieder: „Innsbruck, ich muß dich lassen" – „Es ist ein Schnitter" – „Als ich auf meiner Bleiche" – „In einem kühlen Grunde" – „Stern über Bethlehem".

Diesen vielfältigen Zielen, verschlungenen Wegen und verschiedenen Adressatengruppen entspricht dann auch ein sehr vielfältiger gruppenspezifischer, inhomogener Liedbesitz in den verschiedenen Schichten der Bevölkerung. Und diese Feststellung führt zur letzten Frage:

Volkslied?

Mit Bedacht trägt diese Sammlung nicht den Titel Deutsche „Volks"lieder. Daß hier von „Liedern" gesprochen wird, hat seinen Grund in folgenden Überlegungen. Der von J. G. Herder gefundene Begriff „Volkslied" suggeriert in der von ihm umrissenen Bedeutung drei Eigenschaften: besondere Schönheit, gemessen an dem ästhetischen Wertkanon des gebildeten Bürgers der letzten zwei Jahrhunderte; hohes Alter; anonyme Verfasserschaft, will sagen: Entstehung und schriftlose Verbreitung im gesamten Volke

XXXV

als einer Art mystischer Einheit. Von manchen dieser Eigenschaften hat die Forschung bereits feststellen müssen, daß sie nicht zum Wesen der im laienhaften Gebrauch umlaufenden Lieder gehören. Denn von vielen Liedern kennen wir die Verfasser und wissen, daß sie gar nicht so alt sind. Auch sind die meisten von ihnen nicht im ganzen Volke, sondern nur in gewissen Schichten verbreitet. Schließlich findet man, daß sie auch nicht allen hohen literarisch-musikalischen Ansprüchen genügen, sondern manchmal recht kunstlos, derb, ja roh erscheinen. Nun aber einfach alle jene Lieder, die den hohen Anforderungen Herders und seiner Nachfolger nicht entsprechen, als unechte, uneigentliche Volkslieder, Modelieder, Schlager oder Gassenhauer auszuschließen, ist keine Lösung des Problems, wenn sich die Darstellung laienmäßigen Singens an der Wirklichkeit orientieren will.

Hier nämlich zeigt sich — auch an den Liedern dieser Sammlung—, die Menschen haben immer gesungen, ob sie diese Lieder nun Volkslieder nannten oder — vorher — Bauerngesänge, Bergreihen, Gassenhauer; und diese Lieder waren in ihrer Gesamtheit weder „schön" noch „alt"; im Gegenteil, man verlangte nach „neuen" Liedern. Sie waren auch nicht alle anonym; gewiß, bei vielen hatte man den Verfasser vergessen, aber sie waren auch dann nicht „im Volke" entstanden, sondern von individuellen Verfassern gemacht. Sie lebten auch nicht in der Gesamtheit der Bevölkerung, sondern vielmehr in kleinen, sozial differenzierten Gruppen. Typisch ist die Äußerung eines Mannes zu der Frage, was er singe: Mit meinen alten Studienfreunden „Gaudeamus igitur", mit meinen Kameraden vom Wandervogel „Wie oft sind wir geschritten" und mit meiner Familie „Ich weiß nicht, was soll es bedeuten". Und wenn man nun alles ausklammert, was zum Begriff „Volkslieder" nicht paßt, alle „schlechten", alle „neuen" Lieder, alle, deren Verfasser man kennt, alle die, die nicht allgemein und ohne Medien verbreitet werden, dann kommt man allerdings zu der Überzeugung: „Das Volkslied ist tot." Richtiger freilich würde man sagen: Diese Art von Volkslied hat so ausschließlich und rein nie gelebt.

Bemerkenswert ist nur, daß die Menschen unbekümmert um solche theoretischen Auseinandersetzungen singen, wie eh und je. Um diese Lage richtig einschätzen zu können, ist es nötig, von einigen liebgewordenen Vorstellungen Abschied zu nehmen. Das Volkslied ist kein ästhetischer Wertbegriff. Bei seiner Handhabung sind nicht in erster Linie die nach einem musikalisch-literarischen Werte-Kanon aufgestellten künstlerischen Qualitäten maßgebend, sondern seine Verwendungsfähigkeit für die Zwecke, die die singende Gruppe erreichen will. Mit einem Wort: Funktion geht vor Qualität. Das Volkslied ist auch kein einheitlicher Stilbegriff. Diese Sammlung zeigt, wie verschiedenartig nach textlicher und musikalischer Struktur diese Lieder sein können, sowohl hinsichtlich ihrer Differenzierung in der Zeit nach ihren historischen Stilepochen, wie auch innerhalb der gleichen Epoche hinsichtlich der Sozialschicht, in der sie leben. Zwar eignet allen eine gewisse Einfachheit, insofern sie auch für den musikalisch speziell nicht Vorgebildeten nachvollziehbar, singbar, sein müssen, doch ist diese Einfachheit zu messen an den Gewohnheiten einer Epoche: kirchentonale Wendungen und freie Rhythmik waren im Mittelalter „einfacher", weil vertrauter, als im 18. oder 19. Jahrhundert. Auch ist die Einfachheit in ein und derselben Epoche relativ zur Sozialschicht, in der das Lied heimisch war. Der patrizische Gesang des späten Mittelalters und der Renaissance, die Gesellinkeitslieder der Bürger und Studenten, die „Hofweisen" dieser Zeit, waren weniger „einfach" als die Bauernlieder; und als Goethe im Elsaß seine „Volkslieder" in bäuerlicher Umgebung sammelte, war die von ihm aufgezeichnete Ballade „Der Herr von Falkenstein" einfacher als das aus großbürgerlichem Milieu sich verbreitende „Ich liebte nur Ismenen".

Diese soziale Differenzierung gilt es stets im Auge zu behalten. Es singen die Bauern, die Handwerker, die Bürger, die Studenten jeweils ihre Lieder, auch – und mit Vorliebe – neue Lieder. Ein Austausch zwischen Gruppen verschiedenen Alters, unterschiedlicher Sozialschicht oder Weltanschauung findet nur bedingt statt. Auch aus diesem Grunde ist Zurückhaltung gegen die Bezeichnung „Volk" bei den in der Bevölkerung umlaufenden Liedern angebracht. Natürlich auch aus einem anderen, ebenso wichtigen Grund: Es konnte gezeigt werden, daß sich aus der Idealisierung des Herderschen Volksliedbegriffs nicht nur seine Pädagogisierung, sondern, schlimmer noch, seine Ideologisierung im 19. und 20. Jahrhundert entwickelte. Gerade die Erfahrung der noch Lebenden mit der Korrumpierung des Volksliedbegriffs – und damit, leider, auch des Singens an sich – läßt eine Distanz zu diesem so elend mißbrauchten Wort „Volk" in der Zusammenfügung mit „Lied" angezeigt erscheinen.

Diese Überlegungen, aus möglichst genauer Beobachtung der Wirklichkeit gewonnen, führen zu folgenden Ergebnissen. Laien, also nicht sonderlich musikalisch-literarisch vorgebildete Menschen, singen in Gruppen. Diese Gruppen sind entsprechend der Pluralität einer Gesellschaft differenziert. Sie kommen nicht aus musikalisch-literarischem Interesse und zu dem Zweck des Singens, sondern aus ganz anderen und sehr verschiedenen Gründen der Lebensgestaltung zusammen. Das Zusammensein der Gruppen bringt gelegentlich Situationen hervor, die gemeinsames Singen benötigen, um bewältigt werden zu können, etwa einer Freude, einer Trauer, einem Glückwunsch, einer Rüge, einer Verehrung gemeinsam Ausdruck geben, gemeinsame Arbeitsverrichtungen oder auch Tanzen oder Marschieren als Bewegungsablauf zu koordinieren. Solche Gruppen sind die Familie, spielende Kinder, ein Freundeskreis, eine Arbeitsgruppe, ein Verein, eine Berufs- oder Parteiorganisation, eine zivile oder kultische Gemeinde; und die Gelegenheiten des Singens sind beispielsweise Familienfeier, Arbeitsverrichtung, Geselligkeit, Demonstration, Kult. Dabei entwickeln sich charakteristische Umgangsformen innerhalb der Gruppe mit dem Lied. Die Gruppe ist Herr über das Lied. Nach Maßgabe ihrer Unabhängigkeit von übergeordneten Gruppen und des Autoritätsgefälles zwischen Gruppenleiter und Gruppe bestimmt sie die Gelegenheiten und Anlässe des Singens und die Lieder. Jeder einzelne aus der Gruppe fühlt sich auch berechtigt, die Lieder textlich oder musikalisch zu verändern, um auch auf diese Weise sein „Herrenrecht" am Lied kundzutun; die Gruppe muß solche Veränderungen freilich gutheißen und übernehmen, wenn sie sich im Gebrauch durchsetzen wollen.

In der Gruppe kann das Lied in dreifacher Weise wirksam werden. Es kann eine Aufgabe erfüllen, etwas Nützliches in gewissen Situationen des Gruppenlebens bewirken, beispielsweise, wenn die Gruppe arbeiten, tanzen, marschieren will, die Körperbewegung koordinieren, oder eine leere Zeit — vielleicht während einer ereignislosen Omnibusfahrt — überbrücken, oder sonntags abends, bei der Rückkehr vom Familienausflug, den Vater am Steuer munter halten. Eng mit dieser Aufgabe verknüpft, aber dennoch etwas anderes ist die Funktion des Liedes in der Gruppe. Sie realisiert sich sozusagen auf höherer, weniger materieller Ebene. Durch die Funktion des Liedes wird die Gruppe als Ganzes angesprochen, und die Liedfunktionen zielen auf Bündelung, Gleichrichtung, Ausgleich, kurz auf die Harmonisierung der in der Gruppe ablaufenden Prozesse. Um beim Beispiel zu bleiben: es wird nicht nur der autofahrende Vater vor Ermüdung geschützt, gleichzeitig sind die Kinder nutzbringend und nicht nur nicht störend, sondern sogar fröhlich beschäftigt, Mutter braucht nicht zu schimpfen, und damit ist durch die aufeinander abgestimmte Tätigkeit aller die Harmonie in der Gruppe hergestellt, jeder kommt zu seinem Recht und oberhalb des „Nützlichen" wird etwas verwirklicht, was man in einem allgemeinen Sinn Ausgleich oder „Gerechtigkeit" nennen könnte. Und schließlich vermittelt das Lied nicht nur Nutzen und stiftet nicht nur gerechten Ausgleich eventuell divergierender Einzelinteressen in der Gruppe, das Lied kann auch Träger von „Bedeutungen" sein, die es über seine Aufgaben und seine Funktion hinaus als etwas Besonderes, etwas Geliebtes oder Verehrtes erscheinen lassen — sowohl für den einzelnen wie für die Gruppe. Beim einzelnen Menschen kann das — unter Umständen ihm gar nicht so deutlich bewußt — die Verbindung des Liedes mit einem geliebten Menschen sein, mit einer entscheidenden Begebenheit seines Lebens, die Erinnerung an das Leben in einer Gruppe. Für die Gruppe kann die Bedeutung eines bestimmten Liedes darin liegen, daß es in besonderem Maße das Selbstverständnis der Gruppe ausdrückt oder mit einem für die Gruppe wichtigen Ereignis verknüpft ist. Natürlich brauchen individuelle Bedeutung und Gruppenbedeutung nicht zusammenzufallen. Der einzelne kann aus persönlichen Gründen ein Lied für höchst bedeutungsvoll halten, das der Gruppe nichts sagt. Andererseits kann ein Lied für die Gruppe höchst bedeutsam sein, das für die einzelnen der Gruppe keine persönliche Bedeutung hat. Nun aber ist auch das Umgekehrte möglich: Lieder können sowohl dem einzelnen wie der Gruppe im negativen Sinne bedeutsam, geradezu verhaßt sein. So wie älteren Menschen gewisse Lieder verhaßt sind, weil sie zur Zeit des Nationalsozialismus gesungen wurden oder während ihrer — ungeliebten — Militärzeit, oder in der verhaßten Schule. Was das Aufspüren der Bedeutung eines Liedes so erschwert, ist, daß es von seinem Inhalt oder seiner Form her gar keine äußerlich erkennbare Beziehung zu dieser Bedeutung haben muß, sondern mit Umständen, Personen, Erlebnissen verknüpft sein kann, die äußerlich gesehen mit dem Lied als solchem nichts zu tun haben. So kann etwa ein lustiges Lied die schmerzliche Erinnerung der Trennung von einem geliebten Menschen „bedeuten", weil dieses Lied zwei Menschen auf eine besondere Weise verband. Mit den „Aufgaben" und den „Funktionen" eines Liedes braucht die „Bedeutung" nichts zu tun zu haben. Jenseits des „Nützlichen" und des „Gerechten" reicht sie in eine andere Ebene; des Geliebten, Verehrten, vielleicht des Heiligen. Es gibt in der Tat Menschen, denen Lieder heilig sind.

Auf diese Weise werden Lieder gehandhabt wie nützliche, versammelnde, verehrungswürdige Gegenstände, und zwar unabhängig von ihrer ästhetischen Qualität, ihrem Alter, ihrer allgemeinen Verbreitung. Allgemeine Verbreitung ist manchmal sogar geradezu unerwünscht, wenn eine Gruppe „ihr" Lied als besonderen Besitz beansprucht oder ein einzelner „sein" Lied vor anderen nicht singen will. Und die ästhetische Qualität ist kein Problem der spontan Singenden, sondern das Problem der vermittelnden Singeleiter, Pädagogen, Gruppenführer, die wünschen, daß das Singebedürfnis möglichst an hochqualifizierten Liedern befriedigt werde. Aber gerade diese gegenständliche Handhabung des nützlichen, versammelnden und verehrungswürdigen Liedes im Gebrauch der einzelnen und in den Gruppen, die nicht um des Singens willen zusammenkommen, ist es, die das Lied zu einer so wichtigen Hilfe für den Menschen im Umgang mit sich selbst und mit anderen macht.

Singen verhilft dem einzelnen zum Ausdruck seines Selbst. Indem er sich im Lied ausdrückt, findet er zu sich, zu seiner Identität. Singend bestätigt er sich in seiner Existenz, und Selbstbestätigung ist für die Selbstfindung wichtig. Aber das Singen hilft nicht nur dem einzelnen als Individuum, sondern auch als soziales Wesen. In der Teilhabe am Singen einer Gruppe fügt der einzelne Singende seine Individualität in soziale Bindungen ein. Er bedarf dieser sozialen Bindungen, die ihm zwar — auch beim Singen — einen gewissen Verzicht auf individuelle Darstellung, Durchsetzung seiner persönlichen Neigungen und Eigenheiten abfordern, dafür ihm aber das geben, was jeder neben der Selbstbestätigung braucht: die Fremdbestätigung, die Geborgenheit, Sicherheit und soziale Anerkennung, die er ebenso nötig hat wie sein Selbstbewußtsein. So unbestritten dieser Tatbestand sein mag, zwei wichtige Bedenken sind anzubringen: Es ist nicht wahr, daß Singen von alleine, sozusagen auf mechanisch wirkende Weise, Gemeinschaft herstellt. Es ist Abschied zu nehmen von einer Ideologie, die meint, man brauche nur Menschen singen zu lassen, um ein Reich der Harmonie, der Ausgeglichenheit und der Gerechtigkeit zu schaffen. Singen ist eher die Folge als die Ursache von Übereinstimmung. Wo bereits Zusammengehörigkeit herrscht, wird gesungen. Es ist durchaus möglich, vorhandene Zusammengehörigkeit durch Singen zu festigen. Aber Zusammengehörigkeit, die nicht schon vorhanden ist, kann durch Singen allein nicht gestiftet werden. Doch nicht nur vor dieser Illusion ist zu warnen; auch vor dem Versuch, das Gefühl der Zusammengehörigkeit unredlich auszunutzen, indem man der Gruppe positive Aufgaben stellt und sie durch die Erfüllung dieser positiven Aufgaben auf ein bewußt verborgen gehaltenes Ziel hin bewegt, das böse ist. Dieses Lenken zum Bösen durch das Vorzeigen des Guten, diese Manipulation Gutgläubiger bedient sich sehr häufig und sehr wirkungsvoll des Gruppensingens als Motor und Vehikel. Dagegen schützt nur eine möglichst große Autonomie der Gruppe, die eine undurchsichtige Außensteuerung unmöglich macht; und innerhalb der Gruppe ein möglichst geringes Autoritätsgefälle zwischen Führer und Mitgliedern, ein möglichst großes Maß an demokratischer Mitbestimmung aller.

Es war nötig, zumindest andeutungsweise zu zeigen, was Lieder sein können, sein sollten, nicht sein können und nicht sein dürfen, um die ganze Wirkungsbreite jener kleinen, aber wirkungsvollen Gebilde wenigstens grob zu umreißen. Dabei wurde deutlich: Überall sind Lieder. Es gibt keine Epoche, keine Region, keine Situation, kein Glück, keinen Frohsinn, keine Trauer und keine Verzweiflung, in der dem Menschen nicht ein Lied zu Hilfe käme, Herausforderungen des Lebens zu bestehen. Wenn damit festgestellt wird, Singen sei dem Menschen ein Bedürfnis, muß man sich vor Übertreibung hüten, angesichts der unbestimmten Bedeutung des Wortes „Bedürfnis". Ganz sicher ist Singen kein Bedürfnis wie die Verrichtung des Stoffwechsels, deren Unterlassung in kürzester Zeit den physischen Tod bedeutet. Wenn man aber bedenkt, daß zur Existenz des Menschen nicht nur die Bedürfnisse der unmittelbaren physischen Selbsterhaltung gehören, sondern auch gewisse Gegebenheiten seiner psychischen Existenz, die mit Selbstentfaltung und sozialer Anerkennung zu umschreiben sind, und wenn man erwägt, daß das Singen zur Erfüllung solcher Bedürfnisse verhilft, dann ist wohl die Feststellung nicht abwegig, daß auch das Singen existentielle Bedürfnisse des Menschen befriedigen kann. Natürlich: kann — nicht muß.

Lieder sind Angebote, sie müssen nicht wahrgenommen, sie können ignoriert werden. Wir wissen aber, daß nur sehr wenige Menschen, nicht einer von zehn, dieses Angebot ein für allemal ablehnen, also niemals singen. Der Grad der Annahme bei den einzelnen schwankt freilich zwischen Null und Unendlich. Das heißt, neben den Menschen, die niemals singen, gibt es solche, die in der Tat ohne zu singen nicht leben, wobei innerhalb des Lebenslaufes durchaus Veränderungen der Sing-Intensität eintreten können. Hölderlin hat das dichterische Wort gefunden für den Sachverhalt: „Nichts Mächtiges ist unser Singen. Aber zum Leben gehört es."

Der Verfasser schuldet vielen Kollegen, insbesondere den Mitarbeitern des Instituts für Musikalische Volkskunde an der Universität Düsseldorf, Abtlg. Neuss, Dank für vielfältige Hilfe.
Ein besonderes Gedenken gilt meiner verstorbenen Frau, die bis in ihre letzten Lebenstage die Vorbereitung dieses Buches hilfreich begleitete. Ohne ihre unermüdliche Unterstützung wäre diese Sammlung unter den gegebenen Umständen nicht entstanden.

Tag und Jahr

Wann ich des Morgens früh aufsteh

Wann ich des Mor - gens früh auf - steh und
in meins Va - ters Stüb - lein geh, so kummt mein
Lieb und beut mir ein gu - ten Mor - - gen.

Ein guter Morgen ist bald dahin,
Gott geb meinem Lieb ein steten Sinn,
dazu ein frisch fröhlichs Gemüte!

Die helle Sonn leucht jetzt herfür

Die hel - le Sonn leucht jetzt her - für, fröh - lich vom Schlaf auf - ste - hen wir. Gott Lob, der uns in die - ser Nacht be - hüt hat vor des Teu - fels Macht.

Herr Christ, den Tag uns auch behüt
vor Sünd und Schand durch deine Güt;
laß deine lieben Engelein
unsere Hüter und Wächter sein.

Daß unser Herz in Ghorsam leb,
deim Wort und Willn nicht widerstreb,
daß wir dich stets vor Augen han
in allem, was wir heben an.

Laß unser Werk geraten wohl,
was ein jeder ausrichten soll,
daß unsre Arbeit, Müh und Fleiß
gereich zu deinem Lob und Preis.

Die güldene Sonne

Die gül - de - ne Son-ne bringt Freu-de und Won-ne, die Fin - ster-nis weicht. Der Mor-gen sich zei-get, die Rö-te auf - stei-get, die Fin-ster-nis weicht.

Nun sollen wir loben
den Höchsten dort oben,
daß er uns die Nacht
hat wollen behüten
vor Schrecken und Wüten
der höllischen Macht.

Kommt lasset uns singen,
die Stimme erschwingen,
zu danken dem Herrn.
Ei bittet und flehet,
daß er uns beistehet
und weiche nicht fern!

In meinem Studieren
wird er mich wohl führen
und bleiben bei mir.
Wird schärfen die Sinnen
zu neuem Beginnen
und öffnen die Tür.

Herauf nun, herauf nun, du hellichter Tag

Her - auf nun, her - auf nun, du hell - lich - ter Tag! Der hel - le Tag — ist noch nicht da. E - je - di - he! Die Mor - gen - rö - te ver - kün - det ihn.

Nun ziehet herauf die Frau Sonne so rot,
wohl über Berg und tiefes Tal.
Ejedihe! Der helle Tag , er ist nun da.

O wunderbares tiefes Schweigen!

O wun-der-ba-res tie-fes Schweigen! Wie
ein-sam ists noch auf der Welt! Die
Wäl-der nur sich lei-se nei-gen, als
ging der Herr durchs stil-le Feld.

Ich fühl mich recht wie neugeschaffen,
wo ist die Sorge nun und Not?
Was mich noch gestern wollt erschlaffen,
ich schäm mich des im Morgenrot.

Die Welt mit ihrem Gram und Glücke,
will ich, ein Pilger, froh bereit
betreten nur wie eine Brücke
zu dir, Herr, überm Strom der Zeit.

Wachet auf

Kanon zu 2 Stimmen

1.

Wa-chet auf, wa-chet auf, es kräh - te der Hahn,

2.

die Son - ne be - tritt die gol - de - ne Bahn.

Erwacht ihr Schläfer drinnen

Kanon zu 3 Stimmen

Er - wacht ihr Schlä - fer drin - nen, der Kuckuck hat ge - schrien. Wohl auf des Ber - ges Zin - nen seht ihr die Sonn' er - glühn. Er - wa - chet, er - wa - chet, der Kuckuck hat ge - schrien. Er - wa - chet, er - wa - chet, der Kuk-kuck hat ge - schrien. Kuk - kuck, Kuk-kuck, Kuk - kuck, Kuk-kuck, Kuk-kuck, Kuk - kuck, Kuk - kuck, Kuk - kuck.

Es tagt, der Sonne Morgenstrahl

Es tagt, der Son - ne Mor - gen - strahl weckt
al - le Kre - a - tur. Der Vö -gel fro - her
Früh - cho-ral be - grüßt des Lich - tes Spur. Es
singt und ju-belt ü - ber-all, er - wacht sind Wald und Flur.

Wem nicht geschenkt ein Stimmelein,
zu singen froh und frei,
mischt doch darum sein Lob darein
mit Gaben mancherlei
und stimmt auf seine Art mit ein,
wie schön der Morgen sei.

Zuletzt erschwingt sich flammengleich
mit Stimmen laut und leis
aus Wald und Feld, aus Bach und Teich,
aus aller Schöpfung Kreis
ein Morgenchor, an Freude reich,
zu Gottes Lob und Preis.

Jeden Morgen geht die Sonne auf

Je - den Mor - gen geht die Son - ne
auf in der Wäl - der wun-der-sa- mer Run - de.
Und die schö-ne scheu - e Schöp-fer - stun - de,
je-den Mor-gen nimmt sie ih - ren Lauf.

Jeden Morgen aus dem Wiesengrund
heben weiße Schleier sich ins Licht,
uns der Sonne Morgengang zu künden,
ehe sie das Wolkentor durchbricht.

Jeden Morgen durch des Waldes Hall'n
hebt der Hirsch sein mächtiges Geweih,
der Pirol und dann die Vöglein alle
stimmen an die große Melodei.

Jeden Morgen geht die Sonne auf
in der Wälder wundersamer Runde.
Und die schöne scheue Schöpferstunde,
jeden Morgen nimmt sie ihren Lauf.

Und die Morgenfrühe, das ist unsere Zeit

Und die Mor - gen - frü - he, das ist
un - se - re Zeit, wenn die Win-de um die Ber - ge
sin - gen, die Son - ne macht dann die
Tä - ler weit und das Le - ben, das
Le - ben, das wird sie uns brin - gen.

Alle kleinen Sorgen sind nun ausgemacht,
in die Hütten ist der Schein gedrungen.
Nun ist gefallen das Tor der Nacht
vor der Freude, der Freude, da ist es zersprungen.

In der hellen Morgenfrühe sind wir da,
keiner wird uns hier den Weg vertreten,
die Städte weit und die Felder nah
und die Lerchen, die Lerchen, die hören wir beten.

Wie ein blanker Acker ist die Erde jetzt.
Her zu uns, daß wir die Saat beginnen!
Ein Hunger ist in die Augen gesetzt,
neue Lande, neue Lande wollen wir uns gewinnen.

Hans Baumann
Möseler Verlag, Wolfenbüttel und Zürich/
Voggenreiter Verlag, Bonn-Bad Godesberg

Hört, ihr Herrn, und laßt euch sagen

Hört, ihr Herrn, und laßt euch sa - gen:
uns - re Glock hat *zehn* ge-schla-gen. Zehn Ge - bo - te
setzt' Gott ein; gib, daß wir ge - hor-sam sein!
Men-schenwa - chen kann nichts nüt - zen; Gott muß
wa - chen, Gott muß schützen. Herr, durch dei - ne
Güt und Macht gib uns ei - ne gu - te Nacht!

Hört, ihr Herrn, und laßt euch sagen:
unsre Glock hat *elf* geschlagen!
Elf der Jünger blieben treu,
einer trieb Verräterei.

Hört, ihr Herrn, und laßt euch sagen:
unsre Glock hat *zwölf* geschlagen!
Zwölf, das ist das Ziel der Zeit.
Mensch, bedenk die Ewigkeit!

Hört, ihr Herrn, und laßt euch sagen:
unsre Glock hat *eins* geschlagen!
Ist nur ein Gott in der Welt,
ihm sei alls anheimgestellt.

13

Hört, ihr Herrn, und laßt euch sagen:
unsre Glock hat *zwei* geschlagen!
Zwei Weg hat der Mensch vor sich.
Herr, den rechten lehre mich!

Hört, ihr Herrn, und laßt euch sagen:
unsre Glock hat *drei* geschlagen!
Drei ist eins, was göttlich heißt:
Vater, Sohn und Heilger Geist.

Hört, ihr Herrn, und laßt euch sagen:
unsre Glock hat *vier* geschlagen!
Vierfach ist das Ackerfeld.
Mensch, wie ist dein Herz bestellt?
Alle Sternlein müssen schwinden,
und der Tag wird sich einfinden.
Danket Gott, der uns die Nacht
hat so väterlich bewacht!

Nun ruhen alle Wälder

Nun ru - hen al - le Wäl - der, Vieh,
Men-schen, Städt und Fel - der, es schläft die gan - ze
Welt. Ihr a - ber mei-ne Sin -nen, auf, auf, ihr sollt be -
gin - nen, was eu - rem Schöp-fer wohl ge - fällt.

Der Tag ist nun vergangen,
die güldnen Sternlein prangen
am blauen Himmelssaal:
also werd ich auch stehen,
wenn mich wird heißen gehen
mein Gott aus diesem Erdental.

Auch euch, ihr meine Lieben,
soll heute nicht betrüben
kein Unheil noch Gefahr!
Gott laß euch ruhig schlafen,
stell euch die güldnen Waffen
ums Bett und seiner Engel Schar.

Nun sich der Tag geendet hat

Nun sich der Tag ge - en - det hat, und
kei - ne Sonn mehr scheint, schläft al - les, was sich
ab - ge - matt' und was zu - vor ge - weint.

Nur ich, ich gehe hin und her und suche, was mich quält,
ich finde nichts als ungefähr, das was mich ganz entseelt.

Ihr Sterne hört zwar meine Not, ihr helft mir aber nicht,
denn euer Einfluß macht mich tot und blendet mein Gesicht.

Du Schöne bist in Schlaf gebracht und liegst in stiller Ruh;
ich aber geh' die ganze Nacht und tu' kein Auge zu.

Erhöre doch den Seufzerwind, der durch die Fenster geht,
der sagt dir, wie du mich entzünd't, und wie es mit mir steht.

Bist du der Ursprung meiner Pein, so such' ich bei dir Rat,
durch dich kann mir geholfen sein! Ach, tu es in der Tat.

Indessen habe gute Nacht, du meine Lust und Pein,
und wenn du morgen aufgewacht, so laß mich bei dir sein.

Der Mond ist aufgegangen

Der Mond ist auf-ge-gan-gen, die gold-nen Sternlein
pran-gen am Him-mel hell und klar; der
Wald steht schwarz und schweiget, und aus den Wie-sen
stei-get der wei-ße Ne-bel wun-der-bar.

Wie ist die Welt so stille
und in der Dämmrung Hülle
so traulich und so hold,
als eine stille Kammer,
wo ihr des Tages Jammer
verschlafen und vergessen sollt!

Seht ihr den Mond dort stehen?
Er ist nur halb zu sehen,
und ist doch rund und schön!
So sind wohl manche Sachen,
die wir getrost verlachen,
weil unsre Augen sie nicht sehn.

Wir stolze Menschenkinder
sind eitel arme Sünder
und wissen gar nicht viel;
wir spinnen Luftgespinste
und suchen viele Künste
und kommen weiter von dem Ziel.

Gott, laß dein Heil uns schauen,
auf nichts Vergänglichs trauen,
nicht Eitelkeit uns freun;
laß uns einfältig werden
und vor dir hier auf Erden
wie Kinder fromm und fröhlich sein!

So legt euch denn ihr Brüder
in Gottes Namen nieder.
Kalt ist der Abendhauch.
Verschon uns, Gott, mit Strafen
und laß uns ruhig schlafen
und unsern kranken Nachbarn auch.

Guter Mond, du gehst so stille

Gu-ter Mond, du gehst so stil - le in den
bist so ru - hig, und ich füh - le, daß ich

Abend-wol - ken hin,
oh - ne Ru - he bin.
Traurig fol - gen mei-ne

Blik-ke deiner stil - len hei - tern Bahn. O wie hart ist

mein Ge - schik-ke, daß ich dir nicht fol - gen kann!

Guter Mond, dir darf ich's klagen,
was mein banges Herze kränkt,
und an wen mit bittern Klagen
die betrübte Seele denkt!
Guter Mond, du sollst es wissen,
weil du so verschwiegen bist,
warum meine Tränen fließen,
und mein Herz so traurig ist.

Dort in jenem kleinen Tale,
wo die dunkeln Bäume stehn,
nah' bei jenem Wasserfalle
wirst du eine Hütte sehn!
Geh' durch Wälder, Bach und Wiesen.
Blicke sanft durch's Fenster hin,
so erblickest du Elisen,
aller Mädchen Königin.

Nicht in Gold und nicht in Seide
wirst du dieses Mädchen sehn;
nur im schlichten netten Kleide
pflegt mein Mädchen stets zu gehn.
Nicht vom Adel, nicht vom Stande,
was man sonst so hoch verehrt,
nicht von einem Ordensbande
hat mein Mädchen seinen Wert.

Nur ihr reizend gutes Herze
macht sie liebenswert bei mir;
gut im Ernste, froh im Scherze,
jeder Zug ist gut an ihr.
Ausdrucksvoll sind die Gebärden,
froh und heiter ist ihr Blick;
kurz, von ihr geliebt zu werden,
scheinet mir das größte Glück.

Mond, du Freund der reinen Triebe,
schleich' dich in ihr Kämmerlein;
sage ihr, daß ich sie liebe,
daß sie einzig und allein
mein Vergnügen, meine Freude,
meine Lust, mein alles ist,
daß ich gerne mit ihr leide,
wenn ihr Aug' in Tränen fließt.

Daß ich aber schon gebunden,
und nur, leider! zu geschwind
meine süßen Freiheitsstunden
schon für mich verschwunden sind;
und daß ich nicht ohne Sünde
lieben könne in der Welt.
Lauf' und sag's dem guten Kinde,
ob ihr diese Lieb' gefällt.

Alles schweiget

Kanon zu 3 Stimmen

Al - les schwei - get, Nach - ti - gal - len

lok - ken mit sü - ßen Me - lo - di - en

Trä - nen ins Au - ge, Schwer-mut ins Herz,

lok - ken mit sü - ßen Me - lo - die - en

Trä - nen ins Au - ge, Schwer-mut ins Herz.

Und jetzund kommt die Nacht herein

Und jetz-und kommt die Nacht her - ein, daß al - le

Men-schen schla-fen fein; ja al-le Men-schen gehn zur

Ruh und schließen ih - re Äug-lein zu.

Nun flieg du hin, Frau Nachtigall,
grüß mir mein Schatz viel tausendmal!
Frag, ob er weint, frag, ob er lacht,
frag, ob er meiner gar nicht acht.

Und wenn er meiner auch nicht acht',
wünsch ich ihm doch ein gute Nacht;
ein gute Nacht, ein sanfte Ruh,
ein auserwählten Schatz dazu.

Laßt uns all nach Hause gehen

Laßt uns all nach Hau-se ge - hen, laßt uns
all nach Hau-se ge - hen, weil die Stern am Himmel
ste - hen, weil die Stern am Him-mel ste - hen.

Schlafen all die lieben Vöglein,
sind so müd' die kleinen Äuglein,
weil die Stern am Himmel stehen.

Atmen Nebel alle Felder,
stille stehn die dunklen Wälder,
weil die Stern am Himmel stehen.

Ruhet aus von eurer Mühe,
Gott bewacht euch spät und frühe,
weil die Stern am Himmel stehen.

Nun wollen wir singen

Nun wol-len wir sin-gen das A - bend -

lied und be-ten, daß Gott uns be - hüt_____!

Es weinen viel Augen wohl jegliche Nacht,
bis morgens die Sonne erwacht.

Es wandern viel Sternlein am Himmelsrund,
wer sagt ihnen Fahrweg und Stund?

Daß Gott uns behüt, bis die Nacht entflieht.
Kommt singet das Abendlied.

Goldne Abendsonne

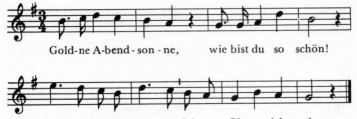

Gold-ne A-bend-son-ne, wie bist du so schön!

Nie kann oh-ne Won-ne dei-nen Glanz ich sehn.

Schon in früher Jugend
sah ich gern nach dir,
und der Trieb der Tugend
glühte mehr in mir,

wenn ich so am Abend
staunend vor dir stand
und, an dir mich labend,
Gottes Huld empfand.

Doch von dir, o Sonne,
wend' ich meinen Blick
mit noch höh'rer Wonne
auf mich selbst zurück:

Schuf uns ja doch beide
eines Schöpfers Hand,
dich im Strahlenkleide,
mich im Staubgewand.

Abend wird es wieder

A - bend wird es wie - der. Ü - ber Wald und

Feld   säu-selt Frie-den nie - der,   und es ruht die Welt.

Nur der Bach ergießet
sich am Felsen dort,
und er braust und fließet
immer, immer fort.

Und kein Abend bringet
Frieden ihm und Ruh',
keine Glocke klinget
ihm ein Rastlied zu.

So in deinem Streben
bist, mein Herz, auch du:
Gott nur kann dir geben
wahre Abendruh'.

Seht, wie die Sonne dort sinket

Seht, wie die Son-ne dort sin - ket hin - ter dem nächt - li - chen Wald __! Glöck-chen zur Ru -he und win - ket: hört nur, wie lieb-lich es schallt!

Trau - li - ches Glöcklein, du läu - test so schön!
[Hört ihr das Glöcklein? Es läu - tet zur Ruh'!]

Läu - te, mein Glöck-lein, nur zu __,

läu - te zur se - li - gen Ruh' __!

Hört ihr das Blöken der Lämmer?
Kühlende Lüfte schon wehn.
Sehet, es fängt an zu dämmern,
lasset zur Hütte uns gehn!

Dörfchen, sei uns willkommen,
heut ist die Arbeit vollbracht,
freundlich sind wir aufgenommen,
seht, wie der Abendstern lacht!

Wer hat die schönsten Schäfchen?

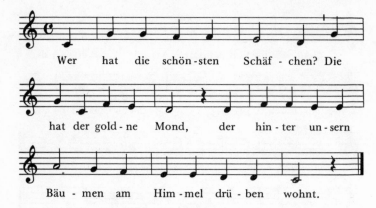

Wer hat die schön-sten Schäf - chen? Die
hat der gold - ne Mond, der hin - ter un - sern
Bäu - men am Him - mel drü - ben wohnt.

Er kommt am späten Abend,
wenn alles schlafen will,
hervor aus seinem Hause
am Himmel leis und still.

Dann weidet er die Schäfchen
auf seiner blauen Flur;
denn all die weißen Sterne
sind seine Schäfchen nur.

Sie tun sich nichts zuleide,
hat eins das andre gern,
und Schwestern sind und Brüder
da droben Stern an Stern.

Und soll ich dir eins bringen,
so darfst du niemals schrein,
mußt freundlich wie die Schäfchen
und wie ihr Schäfer sein.

In stiller Nacht

In stil - ler Nacht, zur er - sten Wacht, ein Stimm be-gunnt zu kla - gen, der nächt-ge Wind hat süß und lind zu mir den Klang ge - tra - gen; von her- bem Leid und Trau-rig -keit ist mir das Herz zer- flos - sen, die Blü - me - lein mit Trä - nen rein hab ich sie all be - gos - sen.

Der schöne Mond
will untergahn,
für Leid nicht mehr mag scheinen,
die Sterne lan
ihr Gützen stahn,
mit mir sie wollen weinen.
Kein Vogelsang,
noch Freudenklang
man höret in den Lüften,
die wilden Tier'
trau'rn auch mit mir
in Steinen und in Klüften.

Guten Abend, gut' Nacht

Gu-ten A - bend, gut' Nacht, mit Ro - sen be -
dacht, mit Näg-lein be - steckt, schlupf un - ter die
Deck. Mor-gen früh, wenn Gott will, wirst du wie-der ge -
weckt, morgen früh, wenn Gott will, wirst du wieder ge-weckt.

Guten Abend, gut' Nacht,
von Englein bewacht,
die zeigen im Traum
dir Christkindleins Baum.
Schlaf nun selig und süß,
schau im Traum 's Paradies.

Gute Nacht, Kameraden

Gu-te Nacht, Ka-me-ra-den! Be-wahrt euch diesen Tag! Die Ster-ne rük-ken aus den Tan-nen em-por ins blau-e Zelt und fun-keln auf die Welt, die Fin-ster-nis zu ban-nen.

Gute Nacht, Kameraden!
Bewahrt ein festes Herz
und Fröhlichkeit in euren Augen;
denn fröhlich kommt der Tag daher
wie Glockenschlag,
und für ihn sollt ihr taugen!

Hans Baumann
Möseler Verlag, Wolfenbüttel und Zürich/
Voggenreiter Verlag, Bonn-Bad Godesberg

Noch hinter Berges Rande

Noch hin - ter Ber - ges Ran - de steht
da hül - len sich die Lan - de in

braun der A - bend - schein,
ih - re Schat - ten ein.
Wo Son - ne kaum ge -

lacht, der Frie-ren-den er - barm - te, uns kur - ze

Zeit er - warm - te, wohnt wie- der - um die Nacht.

Wird noch ein Weilchen währen,
bis rings das Firmament
in königlichen Ehren
von tausend Fackeln brennt.
Doch bleibt's ein kahler Prunk.
Wir hätten an der einen,
wollt sie nur ewig scheinen,
für alle Zeit genung.

Bald schimmert von den Wänden
der Lampe Widerschein.
Uns deucht, sie will uns blenden,
und ist doch arm und klein.
Wir hören froh den Braus
in Herd und Esse lärmen:
er kann die Welt nicht wärmen,
doch wärmt er Haus bei Haus.

Dann nimmt auch das ein Ende,
wir sagen: Gute Nacht!
und falten unsre Hände
und danken dem, der wacht,
der alle Welt umfängt
mit Sonnen, Stern und Erde,
und dem geringsten Herde
sein Licht und Feuer schenkt.

O du stille Zeit

O du stil - le Zeit, kommst ___ eh' wir's ge - dacht, ü - ber die Ber - ge weit, ü - ber die Ber - ge weit, gu - - te Nacht.

In der Einsamkeit
rauscht es nun so sacht
über die Berge weit,
gute Nacht.

Cesar Bresgen
© *Voggenreiter Verlag,*
Bonn-Bad Godesberg

Mit diesem neuen Jahre

Mit die - sem neu - en Jah - re, so
wird uns of - fen - ba - re, wie ei - ne Magd frucht-
ba - re die gan - ze Welt er - freut. Ge-lobt muß
sein das Kin - de - lein, ge - ehrt muß sein das Mäg - de -
lein. Nun und e - wig-lich und zu al - ler Zeit.

Die Engel sungen schone:
Gloria in dem Throne
zu Lob und Ehr Gottes Sohne,
Jesus gebenedeit.
Gelobt muß sein
das Kindelein,
geehrt muß sein
das Mägdelein,
nun und ewiglich und zu aller Zeit.

34

Viel Glück und Heil

Viel Glück und Heil in gro - ßer Schar
Das macht dein ro - tes Münd - lein gar

wünsch ich dir, Frau, zum neu - en Jahr! Daß ich dir
und dei - ner Wäng - lein lie - bes Paar, um - glänzt von

rech - te Treu - e wahr und nie in dei - nen
lich - ten Äug - lein klar, die Öhr - lein klein und

1.
Dien - sten spar, dar - an soll es nicht feh - - len.
drob das Haar in wol - lig wei - chen

2.
Wel - len, gold-kraus und gelb durch - flek - - ket.

Nas, Kinn und Kehl, der Hals zu Tal
neigt wohlgemessen seinen Fall
bis an der weißen Brüstlein Saal.
Das Tal dort preis ich laut mit Schall:
Wie bist du wohlbemessen!
Die Finger lang, die Händlein schmal,
das Bäuchlein schimmert überall;
schön ist das Pelzchen ohne Zahl,
fest wölbt sich auch der Sitz zumal,
die Stärke nicht vergessen!
Und Füßlein, klein gestrecket.

An ihrem Leib ist keine Pein,
an Zucht und Tugend ist sie rein,
jung, edel, adelig im Schein;
ihr Wandel fügt sich auch darein
nach meisterlicher Sitte.
Sie ist untadelig und fein.
Mein trauter Schatz, vergiß nicht mein!
Und bin ich denn geheißen dein,
so laß mich, Lieb, noch einmal frein,
worum ich lange bitte,
und was mein Sehnen wecket!

Nach grüner Farb mein Herz verlangt

Nach grü - ner Farb mein Herz ver - langt, da
Das ist der Lieb ein A - ne - fang, recht
ich in E - lend was.
so das grü - ne Gras.
Ent - spros - sen aus des
Mai - en Schein mit man - chen Blüm - lein klar, das
hat sich ei - ne Jung - frau fein ge - bil - det in das
Her - ze 'nein, zu die - sem neu - en Jahr.

Um ihretwillen trag ich weiß
in meines Herzens Grund,
mein Herz das steht mit ganzem Fleiß
nach ihrem roten Mund.
Darnach setz ich all mein Gedank
bei Tage und bei Nacht;
darnach so geh ich manchen Gang,
die Zeit wird nimmer mir zu lang,
wenn ich sie schauen mag.

Der roten Farb hab ich so viel,
in Liebe brennt mein Herz.
Daß sie das nicht erkennen will,
das bringt mir großen Schmerz.
Ich säh es auch von Herzen gern,
daß ich wär bei ihr allein.
Ich hoff sie soll in Ehren
ihr junges Herz zu mir kehren,
dieweil ich elend bin.

So treiben wir den Winter aus

So trei - ben wir den Win - ter aus durch
uns - re Stadt zum Tor hin - aus mit sein Be - trug und
Li - sten, den rech - ten An - ti - chri - sten.

Wir stürzen ihn von Berg zu Tal,
damit er sich zu Tode fall';
wir jagen ihn über die Heiden,
daß er den Tod muß leiden.

Nun hab'n wir den Winter ausgetrieben,
so bringen wir den Sommer herwied'r,
den Sommer und den Maien,
die Blümlein mancherleien.

Nicht lange mehr ist Winter

Kanon zu 4 Stimmen

Nicht lan - ge mehr ist Win - ter, schon

glänzt der Son - ne Schein, dann kehrt mit neu - en

Lie - dern der Früh - ling bei uns ein. Im

Fel-de singt die Ler - che, der Kuk-kuck ruft im Hain: Kuk-

kuck, Kuk-kuck, da wol-len wir uns freun.

Singt ein Vogel im Märzenwald

Singt ein Vo - gel, singt ein Vo - gel, singt im

Mär - zen - wald, kommt der hel - le, der hel - le

Früh - ling, kommt der Früh - ling bald.

Komm doch, lie - ber Früh - ling, lie - ber Früh - ling, komm

doch bald her - bei, jag den Win - ter, jag den

Win - ter fort und mach das Le - ben frei!

Blüht ein Blümlein, blüht im Märzenwald,
kommt der helle Frühling bald.

Scheint die Sonne in den Märzenwald,
kommt der helle Frühling bald.

Heinz Lau
Möseler Verlag, Wolfenbüttel und Zürich

Im Märzen der Bauer

Im Mär-zen der Bau-er die Rößlein ein - spannt,
er setzt sei - ne Fel- der und Wie-sen in - stand,

er pflü-get den Bo-den, er eg - get und sät und

rührt sei - ne Hän- de früh - mor-gens und spät.

Die Bäurin, die Mägde, sie dürfen nicht ruhn:
sie haben im Haus und im Garten zu tun;
sie graben und rechen und singen ein Lied,
sie freun sich, wenn alles schön grünet und blüht.

So geht unter Arbeit das Frühjahr vorbei;
da erntet der Bauer das duftende Heu;
er mäht das Getreide, dann drischt er es aus:
im Winter da gibt es manch fröhlichen Schmaus.

Winter, ade

Win - ter, a - de! Schei-den tut weh.

A - ber dein Schei - den macht, daß jetzt mein

Her-ze lacht. Win-ter, a - de! Scheiden tut weh.

Winter, ade!
Scheiden tut weh.
Gerne vergess' ich dein;
kannst immer ferne sein.
Winter, ade!
Scheiden tut weh.

Winter, ade!
Scheiden tut weh.
Gehst du nicht bald nach Haus,
lacht dich der Kuckuck aus.
Winter, ade!
Scheiden tut weh.

Nun will der Lenz uns grüßen

Nun will der Lenz uns grü - ßen, von
aus al - len Ek - ken sprie - ßen die

Mit - tag weht es lau;
Blu - men rot und blau.

Draus wob die brau - ne

Hei - de sich ein Ge - wand gar fein und

lädt im Fest - tags - klei - de zum Mai - en - tan - ze ein.

Waldvöglein Lieder singen,
wie ihr sie nur begehrt.
Drum auf zum frohen Springen,
die Reis' ist Goldes wert!
Hei, unter grünen Linden,
da leuchten weiße Kleid!
Heija, nun hat uns Kinden
ein End all Wintersleid.

Alle Vögel sind schon da

Al - le Vö-gel sind schon da, al - le Vö-gel, al - le! Welch ein Sin-gen, Mu - si - ziern, Pfei-fen, Zwit-schern, Ti - ri - liern! Früh-ling will nun ein - mar-schiern, kommt mit Sang und Schal-le.

Wie sie alle lustig sind, flink und froh sich regen!
Amsel, Drossel, Fink und Star
und die ganze Vogelschar
wünschen dir ein frohes Jahr,
lauter Heil und Segen.

Was sie uns verkünden nun, nehmen wir zu Herzen:
alle wolln wir lustig sein,
lustig wie die Vögelein,
hier und dort, feldaus, feldein,
singen, springen, scherzen.

Leise zieht durch mein Gemüt

Lei - se zieht durch mein Ge - müt
lieb - li - ches Ge - läu - te, klin - ge, klei - nes
Früh - lings - lied, kling' hin - aus ins Wei - te!

Kling' hinaus bis an das Haus,
wo die Veilchen sprießen:
Wenn du eine Rose schaust,
sag', ich laß sie grüßen.

Jetzt fängt das schöne Frühjahr an

Jetzt fängt das schö - ne Früh - jahr an, und
al - les fängt zu blü - hen an auf grü - ner
Heid _____ und ü - ber - all.

Es blühen Blümlein auf dem Feld,
sie blühen weiß, blau, rot und gelb;
es gibt nichts Schönres auf der Welt.

Jetzt geh ich über Berg und Tal,
da hört man schon die Nachtigall
auf grüner Heid und überall.

So sei gegrüßt viel tausendmal

So sei ge-grüßt viel tau - send-mal,
hol - der, hol-der Früh -ling! Will - kom-men hier in
un - serm Tal, hol - der, hol -der Früh - ling!
Hol - der Früh - ling, ü - ber -all grü - ßen wir
dich froh mit Sang und Schall, mit Sang und Schall.

Du kommst, und froh ist alle Welt,
holder, holder Frühling!
Es freut sich Wiese, Wald und Feld,
holder, holder Frühling!
Jubel tönt dir überall,
dich begrüßet Lerch und Nachtigall.

So sei gegrüßt viel tausendmal,
holder, holder Frühling!
O bleib recht lang in unserm Tal,
holder, holder Frühling!
Kehr in alle Herzen ein,
laß doch alle mit uns fröhlich sein!

Es tönen die Lieder

Kanon zu 3 Stimmen

Es tö - nen die Lie - der, der Früh - ling kehrt
wie - der, es spie - let der Hir - te auf
sei - ner Schal - mei: La la la la la la la
la ____, la la la la la la la la.

48

Es geht eine helle Flöte

Es geht ei - ne hel - le Flö - te, der
Früh - ling ist ü - ber dem Land.
Bir - ken hor-chen auf die Wei - se, Bir - ken
und die tan-zen lei - se. Es geht ei - ne hel - le
Flö - te, der Früh - ling ist ü - ber dem Land.

Es geht eine helle Flöte,
der Frühling ist über dem Land.
Warten da drei rote Buchen,
wollen auch den Tanz versuchen.

Es geht eine helle Flöte,
der Frühling ist über dem Land.
Und der Bach, der hört das Singen,
wild und polternd muß er springen.

Es geht eine helle Flöte,
der Sommer ist über dem Land.
Tausend Halme zitternd stehen,
hören sie die Flöte gehen.
Es geht eine helle Flöte,
der Sommer ist über dem Land.

Hans Baumann
Möseler Verlag, Wolfenbüttel und Zürich/
Voggenreiter Verlag, Bonn-Bad Godesberg

Komm, lieber Mai, und mache

Komm, lie - ber Mai, und ma - che die Bäu - me wie - der
grün, und laß uns an dem Ba - che die
klei - nen Veil - chen blühn! Wie möch - ten wir so
ger - ne ein Veil - chen wie - der sehn, ach,
lie - ber Mai, wie ger - ne ein - mal spa - zie - ren gehn.

Zwar Wintertage haben
wohl auch der Freuden viel:
man kann im Schnee eins traben
und treibt manch' Abendspiel,
baut Häuserchen von Karten,
spiel Blindekuh und Pfand:
Auch gibt's wohl Schlittenfahrten
auf's liebe freie Land.

Doch wenn die Vöglein singen
und wir dann froh und flink
auf grünem Rasen springen,
das ist ein ander Ding!
Jetzt muß mein Steckenpferdchen
dort in dem Winkel stehn,
denn draußen in dem Gärtchen
kann man vor Schmutz nicht gehn.

Am meisten aber dauert
mich Lottchens Herzeleid:
Das arme Mädchen lauert
recht auf die Blumenzeit;
umsonst hol' ich ihr Spielchen
zum Zeitvertreib herbei;
sie sitzt auf ihrem Stühlchen
wie's Hühnchen auf dem Ei.

Ach, wenn's doch erst gelinder
und grüner draußen wär!
Komm, lieber Mai! Wir Kinder,
wir bitten gar zu sehr!
O komm' und bring' vor allen
uns viele Veilchen mit,
bring' auch viel Nachtigallen
und schöne Kuckucks mit.

Alles neu macht der Mai

Al - les neu macht der Mai, macht die See-le frisch und frei.

Laßt das Haus, kommt hinaus! Win-det ei-nen Strauß!

Rings erglänzet Sonnenschein, duftend prangen Flur und Hain:

Vo-gel-sang, Hör-ner-klang tönt den Wald ent - lang.

Wir durchziehen Saaten grün,
Haine, die ergötzend blüh'n,
Waldespracht, neu gemacht
nach des Winters Nacht.
Dort im Schatten an dem Quell
rieselnd munter silberhell
Klein und Groß ruht im Moos,
wie im weichen Schoß.

Hier und dort, fort und fort,
wo wir ziehen, Ort für Ort,
alles freut sich der Zeit,
die verschönt erneut.
Widerschein der Schöpfung blüht
uns erneuend im Gemüt.
Alles neu, frisch und frei
macht der holde Mai.

Maienzeit bannet Leid

Mai-en-zeit ban-net Leid! Fröh-lich-keit ist ge-breit'
An dem Rain Blü-me-lein, groß und klein, neu er-schein'

ü-ber Berg und Tal und grü-ne Au-en.
wei-ße, ro-te, gel-be und die blau-en.

Rings im Gras sind hoch sie auf-ge-sprun-gen.

In dem Wald man-nig-falt Sang er-schallt, daß es hallt.

Wahr-lich bes-ser ward er nie be-sun-gen.

Alles Leid
bannet weit
Maienzeit!
Schürz dein Kleid,
junge Maid,
jetzt flink zum frohen Reihen!
Band und Kranz,
Perlenglanz,
schmück dich ganz
für den Tanz
hold und heiter in dem jungen Maien.
Hell ertönt das Klingen der Schalmeien
durch den Wald,
daß es hallt
tausendfalt;
jung und alt
schwingt sich heut im flinken, frohen Reihen.

Der Winter ist vergangen

Der Winter ist vergangen, ich seh des Maien
ich seh die Blümlein prangen, des ist mein Herz er-
Schein,
freut.
So fern in jenem Tale, da
ist gar lustig sein, da singt Frau Nachtigalle und manch Waldvögelein.

Ich geh den Mai zu hauen
hin durch das grüne Gras,
schenk meinem Buhl die Treue,
die mir die Liebste war.
Und ruf, daß sie mag kommen,
wohl an dem Fenster stan,
empfangen den Mai mit Blumen.
Er ist gar wohlgetan.

Er nahm sie sonder Trauern
in seine Arme blank,
der Wächter auf den Mauern
hob an sein Lied und sang:
Ist jemand noch darinnen,
der mag jetzt heimwärts gehn.
Ich seh den Tag aufdringen
wohl durch die Wolken schön.

Ade, mein Allerliebste,
ade, ihr Blümlein fein.
Ade, schön Rosenblume,
es muß geschieden sein,
bis daß ich wiederkomme,
sollst du die Liebste sein.
Das Herz in meinem Leibe
das ist ja allzeit dein.

Grüß Gott, du schöner Maien

Grüß Gott, du schö - ner Mai - - en, da
Tust jung und alt er - freu - - en mit

bist du wie-drum hier.
dei - ner Blu - men Zier! Die lie - ben Vög-lein

al - le, sie sin - gen al - so hell, Frau Nach-ti-

gall mit Schal - le hat die für - nehmste Stell.

Die kalten Wind verstummen,
der Himmel ist gar blau,
die lieben Bienlein summen
daher auf grüner Au.
O holde Lust im Maien,
da alles neu erblüht,
du kannst mir sehr erfreuen
mein Herz und mein Gemüt.

Zu Maien, zu Maien die Vögelchen singen

Zu Mai-en, zu Mai-en die Vö-gel-chen sin-gen,
die Lau-be-ren aus Grün-hei-de sprin-gen.

Sie tanzen, sie springen vor Herzliebchens Tür,
da geht ein Abendtänzchen herfür.

Ein Abendtänzchen es währet nicht lang,
mit einer Schalmeien aus Engelland.

Wir hoffen, sie werden schon wiederum kommen,
der Mai bringt uns den lustigen Sommer.

Den lustigen Sommer, den gelben Klee:
Herzliebchen, das Scheiden und das tut weh.

Herzliebchen das Scheiden tut nimmer kein gut;
wir zwei wir tragen ein falschen Mut.

Ein falschen Mut, ein stolzen Sinn,
den tragen die Jungen allzeit im Sinn.

Die Keßnicher Jungen han hohe Hut,
darunter sie tragen den falschen Mut.

Die Keßnicher Mädchen sind hübsch und fein,
sie lassen ja keinen zum Fenster herein.

Die Keßnicher Weiber gehn gern zur Reih
und kochen den Kindern den Wasserbrei.

Den Wasserbrei, den dünnen Schlapp,
da werden die Kinder nicht halber satt.

Kuckuck, Kuckuck

Kuk-kuck, Kuk-kuck ruft aus dem Wald.

Las - set uns sin - gen, tan - zen und sprin - gen.

Früh - ling, Früh - ling wird es nun bald.

Kuckuck, Kuckuck läßt nicht sein Schrei'n:
Komm' in die Felder,
Wiesen und Wälder!
Frühling, Frühling, stelle dich ein!

Kuckuck, Kuckuck, trefflicher Held!
Was du gesungen,
ist dir gelungen:
Winter, Winter, räumet das Feld.

Was könnte wohl Edlers auf Erden

Was könn - te wohl Ed - lers auf Er -

den beim Men - schen ge - fun - den doch wer -

den, als wann sich im Mai _ ver - fü - get her -

bei, des Früh - lings hold - se - li - ge Zeit;

da uns - re Na - tur
durch mun-te - re Kur   aufs Neu sich er -

ho-let vom Leid: Ein' Zeit von Gott b'sonders er -

ko - ren zur Her-zens-er - quik-kung ge - bo -

ren, wo al - les, was lebt, schier al - ler - dings

schwebt in ei - ner un - b'schreib-li - chen Freud.

Betrachte die Schönheit der Gärten,
wo Flora mit ihren Gefährten
in Gala und Flor, sich machet hervor,
eilfertig besuchet ihr Reich:
die Felder bedeckt, mit Blumen besteckt,
gleich einer vielfältigen Bleich;
sie wundert die schöne Narcissen,
und möchte vor anderen wissen,
was immer ein Blum, ohn weiterer Ruhm,
ihr möge an Zierde sein gleich.

Pomona bleibt auch nicht da hinten,
sie will sich ganz freundlich einfinden,
die Völle der Blüh, ohn fernere Müh,
ihr alles nur Gutes verspricht.
Die Ästlein durchgeht, betrachtend, wie's steht,
und selbe in Ordnung sie schlicht;
kaum kann sie die Zeit mehr erwarten,
bis sie in dem vollen Obstgarten
von großer Begierd, gereizt und verführt,
abbreche die zeitige Frücht.

Es werden die nackenden Auen,
durch Phoebi erwünschtes Anschauen,
auf künstliche Art, ohn mühsame Wart
mit frischem Grün sammet bekleidt;
Diana frohlockt, den Jäger sie lockt
nach einer ergötzlichen Beut:
die weit herum liegende Wiesen
an Größe von jedem gepriesen,
die machen mit Gwalt, ein frische Gestalt,
dem traurigen Winter zum Neid.

Die spiegel-hell rinnenden Bäche,
begießen die blumreiche Fläche,
bei währendem Sitz, der brennenden Hitz,
mit einer kristallinen Quell;
worin sich Narciss vergaffen tät g'wiss
aus eigner Lieb stürzen sich schnell;
die Äcker annehmlich florieren,
mit frischem Grün Saaten stolzieren,
erfüllen mit Scherz, die Augen und Herz,
erquicken die menschliche Seel.

Im Garten ein jeder spazieret,
wann Cynthia nächtlich regieret,
am himmlischen Port, beleuchtet alldort
die Sternen mit silbernem Schein;
Trompeten, Schalmei, man höret ganz frei,
bald schlagt man die Pauken auch drein;
der blaset ganz zierlich die Flauten,
der ander mit Stimmung der Lauten,
und mit dem Clavier (wer wettet mit mir?)
Lehrmeister des Orpheus will sein.

Der Mai, der lustige Mai

Der Mai, der Mai, der lu - sti - ge Mai, der
kommt her-an-ge - rau - schet. Ich ging in den Busch und
brach mir ei - nen Mai, der Mai und der war
grü - ne. Fal - de - ra, vi - dub - be dub - be -
dub, der Mai und der war grü - ne.

Ich ging vor Herzliebchens Fenster stehn,
ich redt mit falscher Zunge:
Herzlieb, steh auf und laß mich ein,
ich bringe dir den Mai von Grune!

Den Mai, den du mir bringen willst,
den laß du mir da draußen.
So setz ihn auf die weite, breite Straß,
so wird er nicht erfrieren.

Ich setz ihn nicht auf die weite, breite Straß,
lieber wollt ich ihn begraben,
so soll das Grab auf ein ander Jahr
drei Rosen und eine Lilie tragen.

Trägt das Grab keine Rosen mehr,
so trägt es Mandelkerne.
Und wer ein fein Herzliebchen hat,
der siehts von Herzen gerne.

Zu Rheindorf steht ein neues Haus,
das ist gedeckt mit Leien.
Da kommt alle Morgen mein Liebchen heraus,
braun Nägelein sind ihre Kleider.

Sind sie nicht braun Nägelein,
so sind sie rot Scharlachen.
Und wer ein fein Herzliebchen hat,
der kann wohl herzlich lachen.

Der Mai ist gekommen

Der Mai ist ge-kommen, die Bäu-me schlagen aus.
Da blei-be wer Lust hat, mit Sor - gen zu Haus.

Wie die Wolken dort wandern am himmli - schen Zelt, so

steht auch mir der Sinn in die wei - te, wei-te Welt.

Herr Vater, Frau Mutter, daß Gott euch behüt'!
Wer weiß, wo in der Ferne mein Glück mir noch blüht.
Es gibt so manche Straße, da nimmer ich marschiert;
es gibt so manchen Wein, den ich nimmer noch probiert.

Frisch auf drum, frisch auf im hellen Sonnenstrahl,
wohl über die Berge, wohl durch das tiefe Tal!
Die Quellen erklingen, die Bäume rauschen all —
mein Herz ist wie' ne Lerche und stimmet ein mit Schall.

Und abends im Städtchen, da kehr' ich durstig ein:
Herr Wirt, mein Herr Wirt, eine Kanne blanken Wein!
Ergreife die Fiedel, du lustiger Spielmann du,
von meinem Schatz das Liedel, das sing' ich dazu.

Und find ich keine Herberg', so lieg' ich zu Nacht
wohl unter blauem Himmel, die Sterne halten Wacht.
Im Winde, die Linde, die rauscht mich ein gemach,
es küsset in der Früh' das Morgenrot mich wach.

O Wandern, o Wandern, du freie Burschenlust!
Da wehet Gottes Odem so frisch in der Brust;
da singet und jauchzet das Herz zum Himmelszelt:
Wie bist du doch so schön, o du weite, weite Welt!

Nachtigall, wie sangst du so schön

Nach - ti - gall, Nach - ti - gall, wie sangst du so schön,
Nach - ti - gall, Nach - ti - gall, wie drang doch dein Lied,

sangst du so schön vor al - len Vö - ge - lein!
drang doch dein Lied in je - des Herz hin - ein!

Wenn du san - gest, rief die gan - ze Welt: Jetzt

muß es Früh - ling sein! Nach - ti -

gall, Nach - ti - gall, wie drang doch dein Lied,

drang doch dein Lied in je - des Herz hin - ein!

Nachtigall, was schweigest du nun,
du sangst so kurze Zeit.
Warum willst du singen nicht mehr?
Das tut mir gar zu leid.
Wenn du sangest, war mein Herz so voll
von Lust und Fröhlichkeit.
Warum willst du singen nicht mehr?
Das tut mir gar zu leid.

Wenn der Mai, der liebliche Mai
mit seinen Blumen flieht,
ist es mir so eigen ums Herz,
weiß nicht, wie mir geschieht.
Wollt ich singen auch, ich könnt es nicht,
mir gelingt kein einzig Lied.
Ja es ist mir so eigen ums Herz,
weiß nicht, wie mir geschieht.

Die beste Zeit im Jahr ist mein

Die be - ste Zeit im Jahr ist mein, da
sin - gen al - le Vö - ge - lein. Him - mel und Er - de
ist der voll, viel gut Ge - sang da lau - tet wohl.

Voran die liebe Nachtigall
macht alles fröhlich überall
mit ihrem lieblichen Gesang,
des muß sie haben immer Dank.

Viel mehr der liebe Herre Gott,
der sie also geschaffen hat,
zu sein ein rechte Sängerin,
der Musica ein Meisterin.

Dem singt und springt sie Tag und Nacht,
seins Lobes sie nichts müde macht:
den ehrt und lobt auch mein Gesang
und sagt ihm einen ewgen Dank.

Herzlich tut mich erfreuen

Herz - lich tut mich er - freu - en die fröh - lich Som - mers - zeit, all mein Ge - blüt er - neu - en, der Mai viel Wol - lust beut. Die Lerch tut sich er - schwingen mit ih - rem sü - ßen Schall, lieb - lich die Vög-lein sin - gen, vor - aus die Nach-ti - gall.

Der Kuckuck mit seim Schreien
macht fröhlich jedermann.
Des Abends fröhlich reihen
die Meidlein wohlgetan;
spazieren zu den Brunnen
pflegt man in dieser Zeit.
All Welt sucht Freud und Wunne
mit Reisen fern und weit.

Des Morgens im den Taue
die Meidlein waschen gan.
Gar lieblich sie anschauen
die schönen Blümlein stan,
daraus sie Kränzlein machen
und schenken ihrem Schatz.
Tun sie freundlich anlachen
und geben ihm ein Schmatz.

Es grünet in den Wäldern,
die Bäume blühen frei,
die Röslein auf den Felden
von Farben mancherlei;
ein Blümlein steht im Garten,
das heißt: Vergiß nicht mein.
Das edle Kraut Wegwarten
macht guten Augenschein.

Darum lob ich den Summer,
dazu den Maien gut,
der wendt uns allen Kummer
und bringt uns Freud und Mut.
Der Zeit will ich genießen,
dieweil ich Pfennig hab;
und wen es tut verdrießen,
der fall die Stiegen ab!

Heut ist ein freudenreicher Tag

Heut ist ein freu - den - rei - cher Tag, daß
man den Som - mer gwin - nen mag. All -
da! ihr Her - ren mein, der Som-mer ist fein.

Heut ist auch ein fröhlicher Tag,
daß man den Sommer gewinnen mag.
Alle ihr Herren mein,
der Sommer ist fein!

So bin ich der Winter, ich gib dirs nit Recht,
o lieber Sommer, du bist mein Knecht!
Alle ihr Herren mein,
der Winter ist fein!

So bin ich der Sommer also fein,
zu meinen Zeiten da wächst der Wein.
Alle ihr Herren mein,
der Sommer ist fein!

O Sommer, du sollst mir nichts gewinnen,
ein frischen Schnee will ich dir bringen.
Alle ihr Herren mein,
der Winter ist fein!

O Winter, wir haben dein genug,
nun heb dich aus dem Land mit Fug!
Alle ihr Herren mein,
der Sommer ist fein!

Wohl aus dem Land laß ich mich nit jagen,
o Sommer, du mußt mit mir verzagen.
Alle ihr Herren mein,
der Winter ist fein!

So bin ich weit und breit gezogen
und hör den Winter gar mindert loben.
Alle ihr Herren mein,
der Sommer ist fein!

So bin ich der Winter mit ganzem Fleiß,
zu meinen Zeiten werden die Felder weiß.
Alle ihr Herren mein,
der Winter ist fein!

So bin ich der Sommer also kühn,
zu meinen Zeiten werden die Felder grün.
Alle ihr Herren mein,
der Sommer ist fein!

So bin ich der Winter also jung,
zu meinen Zeiten findt man manchen kühlen Trunk.
Alle ihr Herren mein,
der Winter ist fein!

O Winter, du tust dich viel berühmen,
du wirst deins Kriegs noch wohl bekommen.
Alle ihr Herren mein,
der Sommer ist fein!

O lieber Sommer, ich gib dirs Recht,
du bist mein Herr und ich dein Knecht.
Alle ihr Herren mein,
der Sommer ist fein!

Trariro, der Sommer, der ist do

Tra - ri - ro, der Som-mer, der ist do! Wir
wol-len naus in Gar - ten und wolln des Som-mers
war-ten. Jo, jo, jo, der Som-mer,der ist do!

Trariro, der Sommer, der ist do!
Wir wollen hinter die Hecken
und wolln den Sommer wecken.
Jo, jo, jo, der Sommer, der ist do!

Trariro, der Sommer, der ist do!
Der Sommer hat gewonnen,
der Winter ist zerronnen.
Jo, jo, jo, der Sommer, der ist do!

Trariro, der Sommer, der ist do!
Wir wünschen dem Herrn ein'n goldnen Tisch,
auf jeder Eck ein'n gebacknen Fisch
und mitten hinein drei Kannen voll Wein,
daß er dabei kann fröhlich sein.
Jo, jo, jo, der Sommer, der ist do!

Viel Wollust mit sich bringet

Viel Wol - lust mit sich brin - get die
Im grü - nen Wald jetzt sin - get wied -

fröh - lich Som - mer - zeit. Ohn Un - ter-laß, mit
rum vor Freu - dig - keit.

hel - lem Schall aus ih - rem Häls - lein

zart sehr schön und fein Frau

Nach - ti - gall, kein Müh und Fleiß sie spart.

Des Nachts, wenn ist fürüber,
all andrer Vöglein Gsang,
so schwingt sie ihr Gefieder
und fängt mit lautem Klang
bald auf das neu recht an zu schrein,
bis daß anbricht der Tag;
ihr wunderschöne Melodein
kein Mensch beschreiben mag.

Mit ihrem schönen Singen
bewegt sie manchem sein Herz,
daß er vor Freud möcht springen,
das sag ich ohn allen Scherz.
Unter allen Waldvögelein,
sie sein groß oder klein,
ihr keines gleich tut sein,
der Ruhm bleibt ihr allein.

Geh aus mein Herz

Geh aus mein Herz und su - che Freud in
die - ser lie - ben Som - mers-zeit an dei - nes Got - tes
Ga - ben. Schau an der schö - nen Gär - ten Zier und
sie - he wie sie mir und dir sich aus - ge- schmük-ket
ha - ben, sich aus - ge - schmük-ket ha - ben.

Die Bäume stehen voller Laub,
das Erdreich decket seinen Staub
mit einem grünen Kleide.
Narzissus und die Tulipan,
die ziehen sich viel schöner an
als Salomonis Seide.

Die Lerche schwingt sich in die Luft,
das Täublein fliegt aus seiner Kluft
und macht sich in die Wälder.
Die hochbegabte Nachtigall
ergötzt und füllt mit ihrem Schall
Berg, Hügel, Tal und Felder.

Ich selber kann und mag nicht ruhn;
des großen Gottes großes Tun
erweckt mir alle Sinnen;
ich singe mit, wenn alles singt,
und lasse was dem Höchsten klingt,
aus meinem Herzen rinnen.

Auf einem Baum ein Kuckuck

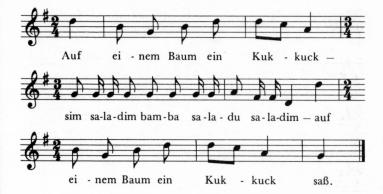

Auf ei - nem Baum ein Kuk - kuck —
sim sa-la-dim bam-ba sa-la-du sa-la-dim — auf
ei - nem Baum ein Kuk - kuck saß.

Da kam ein junger Jägers- —
sim saladim bamba saladu saladim
da kam ein junger Jägersmann.

Der schoß den armen Kuckuck —
sim saladim bamba saladu saladim
der schoß den armen Kuckuck tot.

Und als ein Jahr vergangen —
sim saladim bamba saladu saladim
und als ein Jahr vergangen war,

da war der Kuckuck wieder —
sim saladim bamba saladu saladim
da war der Kuckuck wieder da.

Hör! wie die Wachtel im Acker dort schlagt

Hör! wie die Wach-tel im Ak-ker dort schlagt: wollte
Gott! wollte Gott! käm nur kein Schauer, sie sagt;
flie-het von ei-nem zum an-dren grün Feld,
und uns das Wachs-tum der Früchte ver-meld;
Uns bei dem Son-nen-schein freundlichst er mahnt: danket
Gott; danket Gott, für die schön Früch-te im Land.

Fahret der Bauer früh morgens ins Feld,
grüß dich Gott! grüß dich Gott!
von ihr den Gruß schon erhält:
Mit ihrem hellen annehmlichen Schlag,
suchet sein Arbeit zu mindern den Tag;
ist er von Arbeit ermüdet und matt;
gute Nacht! gute Nacht!
ruft sie, so bald es wird spat.

Kommen die Schnitter, so rufet sie keck:
tritt mich nit! tritt mich nit!
Sich ganz zur Erde dar streckt;
fliehet von gschnittenen Gründen hindan,
weil sie verbergen sich nimmer mehr kann,
sagt auch: Ich finde kein Speis mehr darin.
Taugt mir nit! taugt mir nit!
Ruft sie und fliehet dahin.

Wann da die Ernte schon gänzlich vorbei,
harte Zeit! harte Zeit!
Kommet der Winter herbei;
fliehet von unseren Landen hin fort,
an ein ganz andern und wärmeren Ort;
und wünscht dem Lande zum letzten noch an:
Bhüt dich Gott! bhüt dich Gott!
Dies ist ihr letzteres Wort.

Ist nun die Wachtel so dankbar, und sagt:
All's von Gott! all's von Gott,
der uns die Früchte gemacht.
Nehm undankbarer Christ dann auch hinfür
dies gute Lehrstück von diesem klein Tier,
sag auch bei allem, mit Herz, Mund und Sinn,
Gott sei Dank! Gott sei Dank!
Dieses ich wohl nicht verdien.

Ach du klarblauer Himmel

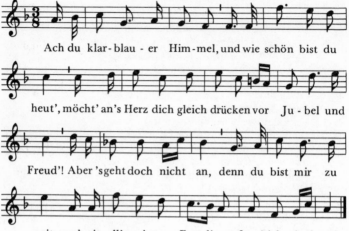

Ach du klar-blau-er Him-mel, und wie schön bist du heut', möcht' an's Herz dich gleich drücken vor Ju-bel und Freud'! Aber 'sgeht doch nicht an, denn du bist mir zu weit, und mit all' mei-ner Freud', was fang' ich doch an?

Ach du lichtgrüne Welt,
und wie strahlst du voll Lust!
Und ich möcht' mich gleich werfen
dir vor Lieb' an die Brust;
aber 's geht doch nicht an,
und das ist ja mein Leid,
und mit all' meiner Freud',
was fang' ich nun an?

Und da seh' ich mein Lieb
unterm Lindenbaum stehn,
war so klar wie der Himmel,
wie die Erde so schön!
Und wir küßten uns beid',
und wir sangen vor Lust,
und da hab' ich gewußt,
wohin mit der Freud'!

Alle Birken grünen

Ernst Licht

Al - le Bir - ken grü - nen in Moor und
Heid, je - der Bram - busch leuch - tet wie
Gold, al - le Heid - ler -chen du - deln vor
Fröh - lich - keit, je - der Birk - hahn kul - lert und tollt.

Meine Augen, die gehen wohl hin und her
auf dem schwarzen, weißflockigen Moor,
auf dem braunen, grünschäumenden Heidemeer
und schweben zum Himmel empor.

Zum Blauhimmel hin, wo ein Wölkchen zieht
wie ein Wollgrasflöckchen so leicht,
und mein Herz, es singt ein leises Lied,
das auf zum Himmel steigt.

Ein leises Lied, ein stilles Lied,
ein Lied so fein und so lind
wie ein Wölkchen, das über die Bläue hinzieht,
wie ein Wollgrasflöckchen im Wind.

Hermann Löns
© *Mit Genehmigung des Musikverlags*
Robert Lienau, Berlin

Das Feld ist weiß

Das Feld ist weiß, die Äh - ren all sich
um ih - rem Schöp - fer Eh - re zu be -

nei - gen,
zei - gen.

Sie ru - fen: Schnit - ter,

laßt die Si - cheln schal - len und un - sers

Her - ren Lob laut wi - der - hal - len!

Ein Jahr, Allgüt'ger, ließest du es währen,
bis uns gereift die Saat, die uns soll nähren.
Nun du sie spendest, sammeln wir die Gabe.
Von deiner Huld kommt alle unsre Habe.

Dein Ruhm besteh in alle Ewigkeiten!
Uns Arme wolle stets dein Schutz begleiten!
Laß unsrer Lippen Dank dir wohlgefallen!
Fröhlich wir singen deinen Taten allen.

Wir bringen mit Gesang und Tanz

Wir brin-gen mit Ge - sang und Tanz dir
die - sen blan-ken Äh - ren-kranz durch Bräu-tigam und
Braut. Die Fie - del und O - boe er - schallt, die
Glok-ken gehn, und Jung und Alt springt hoch und jauchzet
laut, springt hoch und jauch - zet laut.

Er hängt, er hängt, der blanke Kranz;
beginnt, ihr Schnitter, Reihentanz
und singt mit frohem Mut:
Es lebe unser Vater hoch;
und seine Frau und Kinder hoch!
Juchheißa, schwingt den Hut!

Im lauten Jubel bringen wir

Im lau - ten Ju - bel brin - gen wir den
schö - nen, Ern - te - kranz. Mit vol - len Äh - ren
prangt er hier noch mehr als Gol - des - glanz.

Durch scharfe Sens' und Sichelstahl
ist nun das Feld geleert;
geerntet ist nun abermal,
was Gott uns hat beschert.

Die vollen Scheuren strotzen gar
von mildem Überfluß.
Wir haben wieder auf ein Jahr
den reichlichsten Genuß.

Gottlob! Wir sind gesund und frisch,
trotz aller Arbeitslast;
das ist uns mehr als Wein und Fisch
im prächtigsten Palast.

Das Brot schmeckt uns nun doppelt gut:
Wir wissen, was das heißt,
wenn man mit saurem Schweiß und Blut
es selbst verdient und speist.

Kein Körnchen wächst umsonst,
kein Gras sprießt ohne Nutzen auf,
kurz, alles wächst ohn' Unterlaß,
und nutzt noch obendrauf.

So auch der brave Bauersmann,
der ist kein Tagedieb.
Er nützt, und nimmt so lang er kann,
mit Wenigem vorlieb.

Wir dienten treulich unserm Herrn;
er gab uns unsern Lohn;
wir taten unsre Arbeit gern
und hatten Nutz' davon.

Nun wünschen wir dem Herrn viel Glück
und schenken ihm den Kranz.
Er ist der Schnitter Meisterstück,
und mehr als Goldesglanz.

Bunt sind schon die Wälder

Bunt sind schon die Wäl - der, gelb die Stop-pel-
fel - der, und der Herbst be - ginnt.
Ro - te Blät - ter fal - len, grau - e Ne - bel
wal - len, küh - ler weht der Wind.

Wie die volle Traube
aus dem Rebenlaube
purpurfarbig strahlt!
Am Geländer reifen
Pfirsiche, mit Streifen
rot und weiß bemalt.

Flinke Träger springen,
und die Mädchen singen,
alles jubelt froh!
Bunte Bänder schweben
zwischen hohen Reben
auf dem Hut von Stroh.

Geige tönt und Flöte
bei der Abendröte
und im Mondesglanz;
junge Winzerinnen
winken und beginnen
frohen Erntetanz.

Das Laub fällt von den Bäumen

Das Laub fällt von den Bäu - men, das zar - te Som - mer -laub; das Le - ben mit sei - nen Träu - men zer - fällt in Asch und Staub.

Die Vöglein traulich sangen,
wie schweigt der Wald jetzt still!
Die Lieb' ist fortgegangen,
kein Vöglein singen will!

Die Liebe kehrt wohl wieder
im künftgen, lieben Jahr,
und alles tönt dann wieder,
was hier verklungen war.

Der Winter sei willkommen,
sein Kleid ist rein und neu!
Den Schmuck hat er genommen,
den Keim bewahrt er treu.

Heho, spann den Wagen an

Kanon zu 3 Stimmen

1. He - ho, spann den Wa - gen an,

2. seht, der Wind treibt Re - gen ü - bers Land!

3. Holt die gold-nen Gar - ben, holt die gold-nen Gar - ben!

Wie lieblich schallt im grünen Wald

Wie lieblich schallt im grü-nen Wald des Waldhorns sü-ßer

Klang —! Der Wi - der-hall im Ei - chen-tal hallts

noch so lang, so lang —, hallts noch so lang, so lang —.

Und jeder Baum im weiten Raum
dünkt uns noch mal so grün;
es wallt der Bach dem Schatten nach.
Durchs Tal dahin, dahin.

Und jede Brust fühlt neue Lust
beim frohen Zwillingston;
es flieht der Schmerz aus jedem Herz
so gleich davon, davon.

Es ist ein schne gefallen

Es ist ein schne gefallen
und es ist doch nit zeit:
Man wirft mich mit dem ballen,
der weg ist mir verschneit.

Mein haus hat keinen gibel,
es ist mir worden alt.
Zerbrochen sind die rigel,
mein stübelein ist mir kalt.

Ach lieb, laß dichs erbarmen,
daß ich so elend bin,
Und schleuß mich in dein arme:
so fert der winter hin.

Ach bittrer Winter

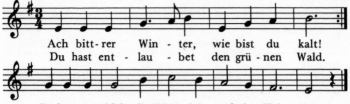

Ach bitt- rer Win - ter, wie bist du kalt!
Du hast ent - lau - bet den grü - nen Wald.

Du hast ver - blüht die Blüm - lein auf der Hei - den.

Die bunten Blümlein sind worden fahl,
entflogen ist uns Frau Nachtigall!
Sie ist entflogen, wird sie wieder singen?

O Tannenbaum

O Tan - nen - baum, o Tan - nen - baum, du trägst ein grü - nen Zweig, den Win - ter, den Som - mer, das dau'rt die lie - be Zeit.

Warum sollt ich nicht grünen,
da ich noch grünen kann?
Ich hab nicht Vater noch Mutter,
der mich versorgen kann.

Und der mich kann versorgen,
das ist der liebe Gott,
der läßt mich wachsen und grünen,
drum bin ich schlank und groß.

Der Winter ist ein rechter Mann

Der Win - ter ist ein rech - ter Mann, kern -
fest und auf die Dau - er. Sein Fleisch fühlt sich wie
Ei - sen an und scheut nicht süß noch sau - er.

Er zieht sein Hemd im Freien an
und läßts vorher nicht wärmen
und spottet über Fluß im Zahn
und Grimmen in Gedärmen.

Aus Blumen und aus Vogelsang
weiß er sich nichts zu machen,
haßt warmen Trank und warmen Klang
und alle warmen Sachen.

Doch wenn die Füchse bellen sehr,
wenns Holz im Ofen knittert,
und um den Ofen Knecht und Herr
die Hände reibt und zittert;

wenn Stein und Bein von Frost zerbricht
und Teich und Seen krachen;
das klingt ihm gut, das haßt er nicht,
dann will er tot sich lachen.

Sein Schloß von Eis liegt ganz hinaus
beim Nordpol an dem Strande,
doch hat er auch ein Sommerhaus
im lieben Schweizerlande.

Da ist er denn bald dort, bald hier,
gut Regiment zu führen.
Und wenn er durchzieht, stehen wir
und sehn ihn an und frieren.

So singen wir den Winter an

So sin-gen wir den Win-ter an, er
kommt ganz leis ge - gan - gen, ein heim - lich Tor ist
auf - ge - tan, was wolln wir nun an - fan - gen?
Ei - a, ei - a, ei - a, ei - a, wir
wolln das Tor auf - ma - chen, auf - ma - chen.

Die Flocken fallen tief und dicht
auf Weg und Steg und Felder,
und fern vom Himmel kommt ein Licht
und geht durch alle Wälder.
Eia, eia . . ., das Licht wolln wir anzünden.

Das Licht wird hell und geht ins Haus
und scheint in alle Herzen,
wir holn den Baum vom Wald heraus
mit seinen tausend Kerzen.
Eia, eia . . ., hell soll das Licht uns leuchten.

Text und Melodie Cesar Bresgen
© *Tonger Musikverlag, Köln-Rodenkirchen*

Ich brach drei dürre Reiselein

Ich brach drei dür - re Rei - se - lein vom

har - ten Ha - sel - strauch und tat sie in ein

Ton - krüg - lein, warm war das Was - ser auch.

Das war am Tag Sankt Barbara,
da ich die Reislein brach,
und als es nah an Weihnacht war,
da ward das Wunder wach.

Da blühten bald zwei Zweigelein,
und in der heilgen Nacht
brach auf das dritte Reiselein
und hat das Herz entfacht.

Ich brach drei dürre Reiselein
vom harten Haselstrauch,
Gott läßt sie grünen und gedeihn,
wie unser Leben auch.

Gottfried Wolters
Möseler Verlag, Wolfenbüttel und Zürich

Es ist für uns eine Zeit angekommen

Es ist für uns ei - ne Zeit an - ge -
kom - men, die bringt uns ei - ne gro - ße Freud.
Ü - bers schnee - be - glänz - te Feld wan - dern
wir, — wandern wir — durch die wei - te, wei - ße Welt.

Es schlafen Bächlein und See unterm Eise,
es träumt der Wald einen tiefen Traum.
Durch den Schnee, der leise fällt,
wandern wir, wandern wir
durch die weite, weiße Welt.

Vom hohen Himmel ein leuchtendes Schweigen
erfüllt die Herzen mit Seligkeit.
Unterm sternbeglänzten Zelt
wandern wir, wandern wir
durch die weite, weiße Welt.

Paul Hermann
© *Voggenreiter Verlag, Bonn-Bad Godesberg*

Juchhe, der erste Schnee

Juch - he, juch - he, juch - he der er - ste Schnee! In
großen weißen Flok - ken, so kam er ü - ber Nacht und
will uns al - le lok - ken hin - aus in Win - ter - pracht.

Juchhe, juchhe,
erstarrt sind Bach und See!
Herbei von allen Seiten
aufs glitzerblanke Eis,
dahin, dahin zu gleiten
nach alter froher Weis'!

Juchhe, juchhe,
jetzt locken Eis und Schnee!
Der Winter kam gezogen
mit Freuden mannigfalt,
spannt seinen weißen Bogen
weit über Feld und Wald.

Ich bin das ganze Jahr vergnügt

Ich bin das gan-ze Jahr ver-gnügt, im
Früh-ling wird das Feld ge - pflügt. Dann
steigt die Ler-che hoch em-por und singt ihr fro-hes
Lied mir vor, und singt ihr fro-hes Lied mir vor.

Und kommt die liebe Sommerzeit,
wie hoch ist da mein Herz erfreut,
wenn ich vor meinem Acker steh
und soviel tausend Ähren seh.

Im Herbst schau ich die Bäume an,
seh Äpfel, Birnen, Pflaumen dran.
Und sind sie reif, so schütt'l ich sie.
So lohnet Gott des Menschen Müh!

Und kommt die kalte Winterszeit,
dann ist mein Häuschen überschneit,
das ganze Feld ist kreideweiß
und auf der Wiese nichts als Eis.

So geht's jahraus, jahrein mit mir,
ich danke meinem Gott dafür
und habe immer frohen Mut
und denke: Gott macht alles gut.

Heimat und Fremde

Die Lust hat mich bezwungen

Die Lust hat mich be - zwun-gen zu fah - ren in den Wald, wo durch der Vö - gel Zun - gen die gan - ze Luft er - schallt.

Ihr lebt ohn alle Sorgen
und lobt die Güt und Macht
des Schöpfers von dem Morgen
bis in die späte Nacht.

Ihr strebet nicht nach Schätzen
durch Abgunst, Müh und Streit;
der Wald ist eu'r Ergötzen,
die Federn euer Kleid.

Wir sind nicht zu erfüllen
mit Reichtum und Gewinn
und gehn um Geldes willen
oft zu der Hölle hin.

O daß wir Gott anhingen,
der uns versorgen kann,
und recht zu leben fingen
nach euch, ihr Vögel an!

Das Jagen das ist ja mein Leben

Das Ja - gen das ist ja mein Le - ben, drum
hab' ich mich gänz-lich er - ge - ben in dem Wald.
Ich geh das Wild schie - ßen, laß mich nicht ver -
drie - ßen, mit Pul-ver und Blei, im Wald sind wir frei.

Und als ich in den grünen Wald kam,
da sah ich ein Hirschlein von ferne da stehn.
Meine Büchse muß knallen, das Hirschlein muß fallen
von Pulver und Blei. Im Wald sind wir frei.

Und als ich das Hirschlein geschossen,
da kam gleich der Jäger gelaufen daher.
Ich fürcht keinen Jäger, keinen Hund, keinen Degen,
o Jäger halt ein, das Hirschlein ist mein.

Ach Jäger geh, pack dich von dannen,
sonst wird dir dein Leben genommen in dem Wald.
Gibts nichts mehr zu jagen, dann leg ich mich schlafen
begeb mich zur Ruh, meine Büchse dazu.

Und wenn mich der Hunger tut plagen,
so tu ich doch niemals verzagen in dem Wald.
So lang mir das Leben mein Gott hat gegeben,
so lang laß ich nicht das Jagen im Stich.

Auf, auf zum fröhlichen Jagen

Auf, auf zum fröh-li-chen Ja-gen! auf,
Es fängt schon an zu ta-gen, es

in die grü-ne Heid!
ist die höchste Zeit!

Auf, bei den fro-hen

Stun-den, mein Herz er-mun-tre dich—! Die

Nacht ist schon verschwunden, und Phö-bus zei-get sich.

Das edle Jägerleben
vergnüget meine Brust;
den kühnen Fang zu geben,
ist meine größte Lust.
Wo Reh und Hirsche springen,
wo Rohr und Büchse knallt,
wo Jägerhörner klingen,
da ist mein Aufenthalt.

Ein weibliches Gemüte
hüllt sich in Federn ein,
ein tapfres Jagdgeblüte
muß nicht so träge sein.
Drum laßt die Faulen liegen,
gönnt ihnen ihre Ruh:
Wir jagen mit Vergnügen
dem dicken Walde zu.

Der Jäger in dem grünen Wald

Der Jä - ger in dem grü - nen Wald, der

sucht des Tier - leins Auf - ent - halt. Und er

ging wohl in dem Wald bald hin, bald her, und er

ging wohl in dem Wald bald hin, bald her, ob auch

nichts, ob auch nichts, ob auch nichts anzu - tref - fen wär.

Mein Hündlein hab ich stets bei mir,
in diesem grünen Waldrevier:
Und mein Hündelein, das jagt,
und mein Herz, das lacht,
meine Augen leuchten hell und klar.

Ich sing mein Lied aus voller Brust,
der Hirsch tut einen Satz vor Lust:
Und der Fink, der pfeift
und der Kuckuck schreit,
und die Hasen kratzen sich am Bart.

Und als ich in den Wald rein kam,
traf ich ein schönes Mägdlein an:
Ei, wie kommst du in den Wald hinein,
du strahlenäugig Mägdelein,
ei, wie kommst du in den Wald hinein?

Du sollst nicht länger bleiben hier
in diesem grünen Waldrevier:
Bleibe du mir als Jägerin,
du strahlenäugig Mägdelein,
bleibe du bei mir als meine Braut!

Ein Jäger aus Kurpfalz

Ein Jä-ger aus Kur-pfalz, der rei-tet durch den
grü-nen Wald und schießt sein Wild da - her, gleich
wie es ihm ge - fällt. Ju ja, ju
ja! Gar lu-stig ist die Jä-ge-rei all -
hier auf grü-ner Heid, all - hier auf grü-ner Heid.

Auf sattelt mir mein Pferd
und legt darauf den Mantelsack,
so reit ich weit umher
als Jäger von Kurpfalz.
Ju ja, ju ja, gar lustig ist die Jägerei
allhier auf grüner Heid.

Hubertus auf der Jagd,
der schoß ein' Hirsch und einen Has';
er traf ein Mägdlein an,
und das war achtzehn Jahr.
Ju ja, ju ja, gar lustig ist die Jägerei
allhier auf grüner Heid.

Jetzt geh ich nicht mehr heim,
bis daß der Kuckuck kuckuck schreit,
er schreit die ganze Nacht
allhier auf grüner Heid.
Ju ja, ju ja, gar lustig ist die Jägerei
allhier auf grüner Heid.

Mit dem Pfeil, dem Bogen

Mit dem Pfeil, dem Bo - gen durch Ge - birg und Tal kommt der Schütz ge - zo - gen früh am Mor - gen - strahl. La la la la la la la la la la la la la la la la la.

Wie im Reich der Lüfte
König ist der Weih,
durch Gebirg und Klüfte
herrscht der Schütze frei.

Ihm gehört das Weite,
was sein Pfeil erreicht:
Das ist seine Beute,
was da kreucht und fleucht.

Schäfer, sag, wo willst du weiden?

Schä-fer,   sag, wo willst du   wei - den? Drauß' im
Feld auf grü - ner Hei - den.

Drauß' im Feld auf
müs - sen lust - ge

grü - ner Hei - den
Schä-fer wei - den   und ich   sag: Es bleibt da -

bei ___, lu - stig ist die Schä - fe - rei ___.

Schäfer, sag: was willst du essen?
Krautsalat und span'schen Pfeffer.
Krautsalat und span'schen Pfeffer
müssen lustge Schäfer essen,
und ich sag: Es bleibt dabei:
Lustig ist die Schäferei.

Schäfer, sag: was willst du trinken?
Roten Wein und Zimmet drein.
Roter Wein und Zimmet drein
muß für lustge Schäfer sein.
Und ich sag: Es bleibt dabei:
Lustig ist die Schäferei.

Schäfer, sag: wo willst du tanzen?
Drauß'im Feld bei meinem Ranzen.
Drauß'im Feld bei ihrem Ranzen
müssen lustge Schäfer tanzen.
Und ich sag: Es bleibt dabei:
Lustig ist die Schäferei.

Schäfer, sag: wo willst du schlafen?
Drauß' im Feld bei meinen Schafen.
Drauß' im Feld bei ihren Schafen
müssen lustge Schäfer schlafen.
Und ich sag: Es bleibt dabei:
Lustig ist die Schäferei.

O wie sanft ruh ich hie

O wie sanft ruh ich hie bei mei - nen Vieh! Schla-fe auf Sumpf und Moos, dem Glük-ke in dem Schoß, ganz sor-gen - los —; wann ich die präch-ti - ge Schlös-ser be - schau, sind sie ge-gen mir, so zu sagen schier, ein küh - ler Tau.

Wann kommt der Morgen rot,
so lob ich Gott,
und mit der Feldschalmei,
ruf ich das Lämmergschrei
auch mit herbei:
Da ist kein Mangel, kein trauriger Ton,
weil die Morgenstund
führet Gold im Mund,
baut mir ein Thron.

Kommt die Mittages-Zeit,
hab ich mein Freud;
fressen die Lämmer hie,
graset das liebe Vieh,
fast ohne Müh:
Setz mich in Schatten und esse mein Brot,
schwör ich bei mein Stab
daß ich niemals hab
daran ein Not.

106

Kommet der Abendstern,
dank ich dem Herrn.
Dort rauscht ein Wasserquall,
da schlägt die Nachtigall,
gibt Widerhall:
Reichtum in Armut vergnüget und ziert,
allem Pomp und Pracht
sag ich gute Nacht,
und bleib ein Hirt.

Es ist ja kein besser Leben

Es ist ja kein bes - ser Le - ben
als ein Schä - fers - mann ab - ge - ben

auf dem gan-zen Er - den-kreis. Hab'n wir schon kein
und ein Schä-fer sein mit Fleiß. Brau-chen wir doch

Geld noch Ruh,
nit viel Schuh; kau - fen uns ein

Du - del - Du - del - sack, dud - len auf den

gan - zen Tag, du - del, du - del, du - del, du - del,

dudel Du-del-sack, dud - len auf den gan - zen Tag.

Wann wir in dem Schatten sitzen,
zu der schönen Frühlingszeit,
aus dem Rohr wir Pfeifen schnitzen,
pfeifen, daß mans hört gar weit;
wann der arme Bauersmann,
arbeit um den sauren Lohn,
pfeifen wir aufn Dudel-Dudelsack,
dudlen auf den ganzen Tag,
dudel, dudel, dudel, dudel, dudel, Dudelsack,
dudlen auf den ganzen Tag.

Will uns hungern, will uns dürsten,
suchen wir die Taschen aus,
was wir haben an Bratwürsten,
das muß also gleich heraus:
Unsre Weiber sind zu Haus,
schicken uns brav Essen raus,
pfeifen wir beim Dudel-Dudelsack,
dudlen auf den ganzen Tag,
dudel, dudel, dudel, dudel, dudel, Dudelsack,
dudlen auf den ganzen Tag.

Wann wir endlich in der Taschen
nichts mehr haben für das Maul,
bringen uns bald was zu naschen,
unsre Weiber: sind nicht faul;
bringen uns gut Milch und Käs,
oder anders guts Gefräß,
hupfen wir beim Dudel-Dudelsack,
dudlen auf den ganzen Tag,
dudel, dudel, dudel, dudel, dudel, Dudelsack,
dudlen auf den ganzen Tag.

Wann die Hitz brennt in die Seiten,
und der Durst nimmt überhand,
braucht der Wirt gar keine Kreiden,
ist der Bronn gleich an der Hand:
Wie soll uns dann besser sein?
Saufen wacker Gänswein 'nein;
trinken wir beim Dudel-Dudelsack,
dudlen auf den ganzen Tag,
dudel, dudel, dudel, dudel, dudel, Dudelsack,
dudlen wir den ganzen Tag.

Wann wir zu den Schäflein kommen,
fangen wir zu dudlen an;
haben uns noch kaum vernommen,
geht zu uns das Laufen an;
kleine schreien me, me, me,
große blärren ble, ble, ble,
springen rum beim Dudel-Dudelsack,
dudlen wir den ganzen Tag,
dudel, dudel, dudel, dudel, dudel, Dudelsack,
dudlen wir den ganzen Tag.

Wanns im Winter regnet, schneiet,
geht bei uns die Lust erst an,
Frost und Schnee uns wenig g'heyet,
ziehen unsre Schaf-Pelz an;
kriechen gleichwohl aus der Hütt,
fahren einsweil auf den Schlitt,
fahren rum beim Dudel-Dudelsack,
dudlen auf den ganzen Tag;
dudel, dudel, dudel, dudel, dudel, Dudelsack,
dudlen wir den ganzen Tag.

Unsre Schäflein nach den Samen
suchen durch den dicken Schnee,
weil wir dudlen, stehns beisammen,
und verbleiben in der Näh:
Hören zu mit größter Freud,
werden feist bei solcher Zeit,
mästen sich beim Dudel-Dudelsack,
dudlen wir den ganzen Tag,
dudel, dudel, dudel, dudel, dudel, Dudelsack,
dudlen auf den ganzen Tag.

Nun ihr liebe Freund und Gäste!
Dudle, was nur dudlen kann,
dudlen wir aufs allerbeste,
niemand uns es wehren kann;
dudlen wir bei Tag und Nacht,
Dudelsack steh! Halte Wacht!
Vivat unser Dudel-Dudelsack!
Dudlen wir den ganzen Tag,
dudel, dudel, dudel, dudel, dudel, Dudelsack,
aus ists Lied mit Sack und Pack.

Ein Schäfermädchen weidete

Ein Schä - fer - mäd - chen wei - de - te zwei
auf grü - ner Flur, wo fet - ter Klee in

Läm - mer an der Hand,
Hüll' und Fül - le stand.
Da hör - te sie wohl

in dem Hain den Vo - gel Kuk - kuck

lu - stig schrein: Kuk - kuck, Kuk - kuck, Kuk -

kuck, Kuk-kuck, Kuk - kuck, Kuk-kuck, Kuk-kuck!

Sie setzte sich ins hohe Gras
und sprach gedankenvoll:
Ich will doch einmal sehn zum Spaß,
wie lang' ich leben soll!
Bis hundertzwanzig zählte sie,
indes der Kuckuck immer schrie:
Kuckuck!

Da ward das Schäfermädchen toll
und sprang auf aus dem Gras,
nahm ihren Stab und lief voll Groll
hin, wo der Kuckuck saß.
Der Kuckuck merkt's und zog zum Glück
sich schreiend in den Wald zurück:
Kuckuck!

Sie jagt' ihn immer vor sich her,
tief in den Wald hinein;
doch wenn sie rückwärts ging, kam er
mit Schreien hinterdrein.
Sie jagt' ihn und verfolgt' ihn weit,
indes der Kuckuck immer schreit:
Kuckuck!

Sie lief tief in den Wald hinein,
da ward sie müd und sprach:
Nun, meinetwegen magst du schrein,
ich geh' nicht weiter nach.
Sie will zurück, da springt hervor
ihr Schäfer und ruft ihr ins Ohr:
Kuckuck!

Es, es, und es

Es, es, es und es, es ist ein har - ter
weil, weil, weil und weil, weil ich aus Frankfurt

1. Schluß, 2. muß. Drum schlag ich Frank - furt

aus dem Sinn und wen - de mich, Gott weiß, wo - hin. Ich

will mein Glück pro - bie - - ren, mar - schie - ren.

Er, er, er und er, Herr Meister, leb er wohl!
Ich sags ihm grad frei ins Gesicht,
seine Arbeit, die gefällt mir nicht.
Ich will mein Glück probieren, marschieren.

Sie, sie, sie und sie, Frau Meisterin, leb sie wohl!
Ich sags ihr grad frei ins Gesicht,
ihr Speck und Kraut, das schmeckt mir nicht.
Ich will mein Glück probieren, marschieren.

Ihr, ihr, ihr und ihr, ihr Jungfern, lebet wohl!
Ich wünsche euch zu guter Letzt
ein Andern, der mein Stell ersetzt.
Ich will mein Glück probieren, marschieren.

Ihr, ihr, ihr und ihr, ihr Brüder, lebet wohl!
Hab ich Euch was zu Leid getan,
so bitt ich um Verzeihung an.
Ich will mein Glück probieren, marschieren.

Auf, ihr Brüder, seid wohl daran

Auf, ihr Brü-der, seid wohl dar-an! Jet - zo kommt die
Wan-derzeit her-an, ja Wan-der-zeit, die gibt uns Freud!
Auf die Reise woll'n wir uns be-ge-ben, das ist un - ser
schön-stes Le - ben; gro-ße, gro - ße Was - ser, ü - ber
Berg und Tal, zu be-schau - en ü - ber - all.

An dem schönen Donaufluß
findet man ja seine Lust,
ja seine Freud'
auf grüner Heid',
wo die Vöglein lieblich singen,
und die Hirschlein fröhlich springen.
Dann kommt man vor eine Stadt,
wo man gute Arbeit hat.

Mancher, der hinterm Ofen sitzt,
zwischen den Fingern die Ohren spitzt,
keine Stund' fürs Haus
ist kommen aus:
Den soll man als Gesell erkennen,
oder gar als Meister nennen?
Der noch nirgends ist gewest,
stets gesessen in sein Nest.

Mancher, der wohl auf der Reis'
ausgestanden Angst und Schweiß,
in Not und Pein,
das muß so sein:
Trägt sein Felleisen auf dem Rücken,
hat's getragen über tausend Brücken;
dann kommt er nach Innsbruck 'nein,
da trinkt er Tirolerwein.

Wann der Sonntag kommt herbei,
daß wir Brüder beisammen sein:
Da geht dann
das Reden an
von den fremden Ländern, die man gesehen,
daß ein möcht' das Herz zergehen.
Das ist unsre größte Freud',
Burschen, die das Reisen freut.

Morgens wann der Tag angeht
und die Sonn' am Himmel steht,
so herrlich rot
wie Milch und Blut:
Auf, ihr Brüder, laßt uns reisen,
und den Herrn mit Danke preisen,
hier in dieser Wanderzeit
bis in unsre Ewigkeit.

Frisch auf ins weite Feld

Frisch auf ins wei-te Feld. Zu Was-ser und zu
Lan-de hab ich mein Sinn ge-stellt,
zu rei-sen
von ei-ner
und zu wan-dern
Stadt zur an-dern, so lang es Gott ge-fällt.

Wie mancher reiset aus;
wenn er die Glock' nicht schlagen hört,
so kommt er wieder nach Haus'.
Spricht: Vater, ich bin schon wiederkomm'n,
die Bauern haben zu böse Hund',
ich kann nicht bleiben aus.

Jetzt ist es an der Zeit,
wenn einer ausgelernet hat,
so will er haben ein Weib.
Ein Weib zu nehmen, das ist nicht Recht,
er ist kein Meister, er ist ein Knecht.
Ein Stümper muß er sein.

Ein wohlgereister Mann,
der in der Welt gewesen ist,
der etwas weiß und kann,
von dem ist viel zu halten
bei Jungen und bei Alten,
ich selbst halt' viel davon.

Zu Straßburg an dem Rhein,
da gibt es viel zu schauen
von Silber und Edelstein.
Wer Geld hat, der kann kaufen ein,
wer keins hat, der muß es lassen sein,
zu Straßburg an dem Rhein.

Zu Köllen an dem Rhein,
da gibt's so viel Kirchen und Klöster
als Tag' im Jahre sein.
Wer weiß von einer Stadt,
die so viel Kirchen und Klöster hat,
als Köllen an dem Rhein?

Ihr Jungfern insgemein,
freit euch keinen Junggesellen,
die nicht gewandert sein
in ihren jungen Jahren
und haben nichts erfahren,
wie Muttersöhnlein sein.

Ihr Jungfern insgemein,
freit euch nur Junggesellen,
die brav gewandert sein
in ihren jungen Jahren
und haben schon erfahren,
was brave Burschen sein.

Steh nur auf, steh nur auf, du Handwerksgesell

Steh nur auf, steh nur auf____, du Hand-werks-ge - sell! Die Zeit hast du ver - schla - fen; die Vög - lein sin - gen auf grü-ner, grü-ner Heid, der Fuhr - mann und der tut fah - ren.

Ei, was scher ich mich um der Vöglein Gesang,
und um des Fuhrmanns Fahren!
Ich bin ein junger Handwerksgesell,
muß reisen fremde Straßen.

In Preußen liegt eine wunderschöne Stadt,
Berlin tut man sie heißen;
Berlin das ist uns wohlbekannt,
da wollen wir jetzt hinreisen.

Und als wir kamen vor das Potsdamer Tor,
täten wir die Schildwach fragen,
allwo der Gesellen ihre Herberg wär',
das sollten sie uns sagen.

Auf der Kuchelberger Gaß im Braunschweiger Haus,
da sollten wir einkehren,
da sollten wir nach Handwerksbrauch
den Herbergsvater ehren.

Seid willkommen, willkommen, ihr Söhne mein,
da steht eine Kann mit Weine,
und sollt euer Sinn nach Arbeit stehn,
so schenk ich auch noch eine.

Zur Arbeit sind wir gleich bereit
und auch die Jungfrau zu küssen;
denn wer brav arbeit' seine Zeit,
will auch hübsche Mädchen nicht missen.

Was noch frisch und jung an Jahren

Was noch frisch und jung an Jah - ren,
um was Neu - es zu er - fah - ren,

das geht jetzt auf Wan - der - schaft,
keck zu pro - ben sei - ne Kraft. Bleib nicht sit - zen

in dem Nest: Rei - sen ist das Al - ler - best!

Reisen macht gesund Geblüte,
unverzagt und frohen Mut;
Frühling gibt mit Duft und Blüte
in die Adern neue Glut.
Bleib nicht sitzen in dem Nest:
Reisen ist das Allerbest!

Also gehn wir auf die Reise,
in viel Städt und fremde Land,
machen uns mit ihrer Weise,
ihren Künsten uns bekannt.
Bleib nicht sitzen in dem Nest:
Reisen ist das Allerbest!

Fröhlich klingen unsre Lieder,
und es grüßt der Amsel Schlag.
Auf, so laßt uns reisen, Brüder,
in den hellen, jungen Tag!
Bleib nicht sitzen in dem Nest:
Reisen ist das Allerbest!

Schön ist die Welt

Schön ist die Welt, drum Brü - der, laßt uns rei - sen wohl in die wei - te Welt, wohl in die wei - te Welt.

Wir sind nicht stolz,
wir brauchen keine Pferde,
die uns von dannen ziehn.

Wir steig'n hinauf
auf Berge und auf Hügel,
wo uns die Sonne sticht.

Wir laben uns
an jeder Felsenquelle,
wo frisches Wasser fließt.

Wir reisen fort
von einer Stadt zur andern,
wo uns die Luft gefällt.

Auf, auf, ihr Wandersleut

Auf, auf, ihr Wan-ders-leut, zum Wan-dern
kommt die Zeit! Tut euch nicht lang ver-
wei-len, in Got-tes Na-men rei-sen! Das Glück, das
lau-fet im-mer fort an ei-nen an-dern Ort.

Ihr liebsten Eltern mein,
ich will euch dankbar sein,
die ihr mir habt gegeben
von Gott ein langes Leben,
so gebet mir gleich einer Speis'
den Segen auf die Reis'!

Der Tau vom Himmel fällt,
hell wird das Firmament.
Die Vöglein in der Höhe,
wenn sie vom Schlaf aufstehen,
da sing'n sie mir zu meiner Freud:
Lebt wohl, ihr Wandersleut!

Ja, der Bergsche Fuhrmann

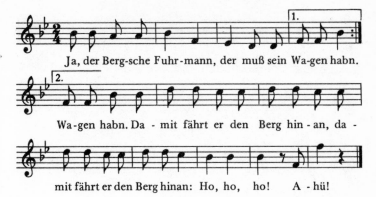

Ja, der Berg-sche Fuhr-mann, der muß sein Wa-gen habn.

Wa-gen habn. Da - mit fährt er den Berg hin - an, da -

mit fährt er den Berg hinan: Ho, ho, ho! A - hü!

Vier breite Räder, die muß sein Wagen habn.

Eine feste Deichsel, die muß sein Wagen habn.

Vier starke Rappen, die muß sein Wagen habn.

Recht viel schöne Gäste, die muß der Fuhrmann habn.

Und ein feines Lieb, ja, das muß der Fuhrmann habn.

Fritz Jöde
Möseler Verlag, Wolfenbüttel und Zürich

Wer will mit nach Frankfurt fahren

Wer will mit nach Frank-furt fi - fa - fah-ren, der
muß am Gel-de gar nit spi - spa -

1.

2.
- spa-ren. Der muß wei-len nit all-hier,

trin-ken Wein und trin-ken Bier. Juch-hei-ßa.

Auf der Straßen stehn viel Schilder,
und auf diesen viele Bilder;
Bilder so gefallen mir,
Wein ist besser noch als Bier. Juchheißa!

Mädchen, willst du mit mir gehen,
dann sollst du in Freuden leben,
sehen sollst du also viel
wohl bei Wein und Tanz und Spiel! Juchheißa!

Unser schöner Junker Fritzen
trägt 'ne blanke Degenspitzen,
spitzen Degen an der Seit',
wär' er hier, so gäb' es Streit. Juchheißa!

Und der gute Klosterpater
mit dem langen Ziegenbarte,
schwarze Kutten hat er an,
vorn und hinten Quasten dran. Juchheißa!

Eß so gerne Mus und Braten,
auch zu trinken muß ich haben!
Lachen muß man überhaupt,
jungen Buben juckt die Haut! Juchheißa!

Der Schiffer auf dem blanken Rhein

Der Schif-fer auf dem blan - ken Rhein, tra -
ti - ke - ti - ke-tom, bist du der Mei - ne, komm! Er
fährt die Bahn jahr - aus, jahr - ein, tra -
ti - ke - ti - ke-tom. Bist du der Mei - ne, komm! Er
hat ein Schatz auf je - der Seit, jed -
we - de ist die schön-ste Maid____ und
weiß er selbst nicht, die er freit, tra -
ti - ke - ti - ke - tom, bist du der Rech-te, komm!

Ich leg mein Ruder in den Kahn, tratiketiketom,
bist du der Meine, komm!
Ich will den Nachen treiben lan, tratiketiketom,
bist du der Meine, komm!
Treibt er mich rechts, treibt er mich link
das soll mir sein ein guter Wink;
dann will ich geben schon den Ring, tratiketiketom,
bist du der Meine, komm!

Der Kahn, der geht nach links, nicht rechts, tratiketiketom,
bist du der Meine, komm!
Nach Holland geht er geradewegs, tratiketiketom,
bist du der Meine, komm!
Nach Holland und dem Niederland,
da sind die Mädel wohlbekannt,
dahin ich auch mein Herz gewandt, tratiketiketom,
bist du der Meine, komm!

Wohlan die Zeit ist kommen

Wohl - an die Zeit ist kom - men, mein
Pferd, das muß ge - sat - telt sein. Ich hab mirs vor - ge -
nom - men, ge - rit - ten muß es sein. Fi-di -
ru - la - ru - la ru - la - la - la - la, Fi - di -
ru - la - ru - la - ru - la - la. Ich hab mir's vor - ge -
nom - men, ge - rit - ten muß es sein.

In meines Vaters Garten,
da stehn viel schöne Blum', ja Blum',
drei Jahr muß ich noch warten,
drei Jahr sind bald herum.

Du glaubst, du wärst die Schönste,
wohl auf der ganzen Welt, ja Welt,
und auch die Angenehmste,
ist aber weit gefehlt.

Der Kaiser streit fürs Ländle,
der Herzog für sein Geld, ja Geld,
und ich streit für mein Schätzle,
solang es mir gefällt.

Solang ich leb' auf Erden,
sollst du mein Trimple-Trample sein,
und wenn ich einst gestorben bin,
so trampelst hinterdrein.

Als ich einmal reiste

Als ich ein-mal rei - ste in das Sachsen-Wei-marland,
da war ich der Reich-ste, das ist der Welt be - kannt.
Rummel, dummel, raudi-de-ra, rummel, dummel, rau-di-derum,
da war ich der Reich-ste, das ist der Welt be - kannt.

Zwei Jahr' bin ich 'blieben,
zog umher von Land zu Land,
was ich da getrieben,
das ist der Welt bekannt.

Als ich wiedrum kommen
in das alte Dorf hinein,
schaute meine Mutter
aus ihrem Fensterlein.

Und sie ging zur Küchen,
kocht mir Nudel und Sauerkraut,
stopft mir Rock und Höslein,
daß alles neu ausschaut.

Schätzchen, ade! Scheiden tut weh

Schätz-chen, a - de! Schei-den tut weh.

Weil ich denn schei-den muß, so gib mir

ei - nen Kuß. Schätzchen, a - de! Schei-den tut weh!

Liebchen, ade!
Scheiden tut weh.
Wahre der Liebe dein,
stets will ich treu dir sein!
Liebchen, ade!
Scheiden tut weh.

Liebchen, ade!
Scheiden tut weh.
Wein nicht die Äuglein rot,
trennt uns ja selbst kein Tod.
Liebchen, ade!
Scheiden tut weh.

Schätzchen, reich mir deine Hand

Schätz-chen, reich mir dei - ne Hand
zum Be-schluß und Un - ter-pfand! Zum Be-schluß
ei - nen Kuß, weil ich von dir schei-den muß.

Scheiden ist ein hartes Wort;
du bleibst hier und ich muß fort.
Weit und breit ist die Zeit,
breiter viel die Ewigkeit.

Wenn wir uns nicht wieder sehen,
bleibt doch unsre Liebe stehen.
Liebst du mich wie ich dich,
nimmermehr verlaß ich dich!

Auf dem Berg da fließt ein Wasser,
Schätzchen, wär es kühler Wein:
Kühler Wein soll es sein,
Schatz, du sollst mein eigen sein!

In dem Wasser schwimmt ein Fisch;
glücklich ist , wer das vergißt,
glücklich ist, wer vergißt,
was nicht mehr zu ändern ist!

Drei Lilien

Drei Li - li - en, drei Li - li - en, die
pflanzt ich auf mein Grab, da kam ein stol - zer
Rei - ter und brach sie ab. Ju-vi - val - le-ral-le -
ral - le-ral-le - ra ___, Ju-vi - val-le-ral-le-ral - le-ral-le -
ra ___, da kam ein stol-zer Rei- ter und brach sie ab.

Ach Reiter, lieber Reitersmann,
laß doch die Lilien stehn,
die soll ja mein Feinsliebchen
noch lange sehn.
Mit Juvalleralleralleralla,
juvivalleralleralleralla,
die soll ja mein Feinsliebchen
noch lange sehn.

Und sterbe ich noch heute,
so bin ich morgen tot;
dann begraben mich die Leute
ums Morgenrot.
Mit Juvalleralleralleralla,
juvivalleralleralleralla,
dann begraben mich die Leute
ums Morgenrot.

Im schönsten Wiesengrunde

Im schön-sten Wie-sen - grun - de ist mei-ner Heimat Haus; da zog ich man-che Stun - de ins Tal hin - aus. Dich, mein stil-les Tal, grüß' ich tau-send-mal! Da zog ich man-che Stun - de ins Tal hin - aus.

Muß aus dem Tal jetzt scheiden,
wo Alles Lust und Klang;
das ist mein herbstes Leiden,
mein letzter Gang.
Dich, mein stilles Tal,
grüß' ich tausendmal!
Das ist mein herbstes Leiden,
mein letzter Gang.

Sterb' ich, — in Tales Grunde
will ich begraben sein;
singt mir zur letzten Stunde
beim Abendschein:
Dich, mein stilles Tal,
grüß' ich tausendmal!
Singt mir zur letzten Stunde,
beim Abendschein.

Im Krug zum grünen Kranze

Im Krug zum grü - nen Kran - ze, da
kehrt ich dur - stig ein; da
saß ein Wan - drer drin - nen, ja drin - nen am
Tisch beim küh - len Wein ____ Wein.

Das Glas ward eingegossen,
das wurde nimmer leer;
sein Haupt ruht auf dem Bündel,
als wär's ihm viel zu schwer.

Ich tät mich zu ihm setzen,
ich sah ihm ins Gesicht,
das schien mir gar befreundet
und dennoch kannt' ich's nicht.

Da sah auch mir ins Auge
der fremde Wandersmann
und füllte meinen Becher
und sah mich wieder an.

Hei, wie die Becher klangen,
wie brannte Hand in Hand;
es lebe die Liebste deine,
Herzbruder, im Vaterland!

An der Saale hellem Strande

An der Saa - le hel - lem Stran - de ste - hen
Burgen stolz und kühn; ih - re Dä - cher sind zer -
fal - len, und der Wind streicht durch die
Hal - len, Wol - ken zie - hen drü - ber hin.

Zwar die Ritter sind verschwunden,
nimmer klingen Speer und Schild:
Doch dem Wandersmann erscheinen
in den altbemoosten Steinen
oft Gestalten zart und mild.

Droben winken holde Augen,
freundlich lacht manch roter Mund:
Wandrer schaut wohl in die Ferne,
schaut in holder Augen Sterne,
Herz ist heiter und gesund.

Und der Wandrer zieht von dannen,
denn die Trennungsstunde ruft;
und er singet Abschiedslieder,
Lebewohl tönt ihm hernieder,
Tücher wehen in der Luft.

Im Wald und auf der Heide

Im Wald und auf der Hei - de, da such' ich mei - ne Freu - de; ich bin ein Jä - gers - mann, ich bin ein Jä - gers - mann. Die For - sten treu zu he - gen, das Wild - pret zu er - le - gen, mein' Lust hab' ich dar - an _____ , mein' Lust hab' ich dar - an. Hal - li, hal - lo! hal - li, hal - lo! Mein' Lust hab' ich dar - an.

Trag' ich in meiner Tasche
ein Trünklein in der Flasche,
zwei Bissen liebes Brot:
Brennt lustig meine Pfeife,
wenn ich den Wald durchstreife,
da hat es keine Not.
Halli, hallo, halli, hallo,
da hat es keine Not.

136

Im Walde hingestrecket,
den Tisch mit Moos mir decket
die freundliche Natur;
den treuen Hund zur Seite
ich mir das Mahl bereite
auf Gottes freier Flur.
Halli, hallo, halli, hallo,
auf Gottes freier Flur.

Das Huhn im schnellen Zuge,
die Schnepf' im Zickzackfluge
treff' ich mit Sicherheit;
die Sauen, Reh' und Hirsche
erleg' ich auf der Birsche,
der Fuchs läßt mir sein Kleid.
Halli, hallo, halli, hallo,
der Fuchs läßt mir sein Kleid.

Und streich' ich durch die Wälder
und zieh' ich durch die Felder,
einsam den vollen Tag:
Da schwinden mir die Stunden
gleich flüchtigen Sekunden,
tracht' ich dem Wilde nach.
Halli, hallo, halli, hallo,
tracht' ich dem Wilde nach.

Wenn sich die Sonne neiget,
der feuchte Nebel steiget,
mein Tagwerk ist getan:
Dann zieh' ich von der Heide
zur häuslich stillen Freude,
ein froher Jägersmann.
Halli, hallo, halli, hallo,
ein froher Jägersmann.

Drunten im Unterland

Drun-ten im Un-ter-land, da ist's halt
fein. Schle-hen im O-ber-land,
Trau-ben im Un-ter-land, drun-ten im
Un-ter-land möcht'i — wohl sein.

Drunten im Neckartal,
da ist's halt gut:
Ist mer's da oben 'rum
manchmal a no so dumm,
han i doch alleweil
drunten gut's Blut.

Kalt ist's im Oberland,
drunten ist's warm;
oben sind d'Leut so reich,
d'Herzen sind gar net weich,
b'sehn mi net freundlich an,
werden net warm.

Aber da unten 'rum,
da sind d'Leut arm,
aber so froh und frei
und in der Liebe treu;
drum sind im Unterland
d'Herzen so warm.

Kein schöner Land

Kein schö-ner Land in die-ser Zeit,
als hier das uns - re weit und breit,
wo wir uns fin - den wohl un - ter
Lin-den zur A-bend - zeit, A - bend -zeit.

Da haben wir so manche Stund'
gesessen wohl in froher Rund'
und taten singen;
die Lieder klingen
im Eichengrund.

Daß wir uns hier in diesem Tal
noch treffen so viel hundertmal,
Gott mag es schenken,
Gott mag es lenken,
er hat die Gnad'.

Nun, Brüder, eine gute Nacht,
der Herr im hohen Himmel wacht!
In seiner Güten
uns zu behüten
ist er bedacht.

Nach Süden nun sich lenken

Nach Sü - den nun sich len - ken die
viel Wan - drer lu - stig schwen-ken die

Vög-lein all - zu - mal;
Hüt im Mor-gen - strahl.

Das sind die Herrn Stu-

den - ten, zum Tor hin - aus es geht; auf

ih - ren In - stru-men-ten sie bla - sen zum Va -

let: A - de in die Läng und Brei - te, o

Prag, wir ziehn in die Wei - te, Et ha - be - at bo - nam

pa - cem, qui se - det post for - na - cem!

Nachts wir durchs Städtlein schweifen,
die Fenster schimmern weit,
am Fenster drehn und schleifen
viel schön geputzte Leut.
Wir blasen vor den Türen
und haben Durst genung;
das kommt vom Musizieren:
Herr Wirt, ein'n frischen Trunk!
Und siehe, über ein kleines
mit einer Kanne Weines
venit ex sua domo
beatus ille homo.

Nun weht schon durch die Wälder
der kalte Boreas,
wir streichen durch die Felder,
von Schnee und Regen naß;
der Mantel fliegt im Winde,
zerrissen sind die Schuh,
da blasen wir geschwinde
und singen noch dazu:
Beatus ille homo,
qui sedet in sua domo
et sedet post fornacem
et habet bonam pacem!

O Täler weit, o Höhen

O Tä - ler weit, o Hö - hen, o schö - ner grü - ner Wald, du mei - ner Lust und We - hen an - dächt-ger Auf - ent - halt. Da drau - ßen, stets be - tro - gen, saust die ge-schäft'-ge Welt: Schlag noch ein - mal die Bo - gen um mich, du grü - nes Zelt; schlag noch ein - mal die Bo - gen um mich, du grü - nes Zelt.

Im Walde steht geschrieben
ein stilles, ernstes Wort
von rechtem Tun und Lieben,
und was der Menschen Hort.
Ich habe treu gelesen
die Worte schlicht und wahr,
und durch mein ganzes Wesen
wards unaussprechlich klar.

Bald werd' ich dich verlassen,
fremd in die Fremde gehn,
auf buntbewegten Gassen
des Lebens Schauspiel sehn,
und mitten in dem Leben
wird deines Ernst's Gewalt
mich Einsamen erheben:
So wird mein Herz nicht alt.

Wenn es beginnt zu tagen,
die Erde dampft und blinkt,
die Vögel lustig schlagen,
daß dir dein Herz erklingt:
Da mag es vergehen, verwehen
das trübe Erdenleid,
da sollst du auferstehen
in junger Herrlichkeit.

Wem Gott will rechte Gunst erweisen

Wem Gott will rech-te Gunst er - wei - sen, den schickt er in die wei - te Welt, dem will er sei - ne Wun - der wei - sen in Berg und Wald und Strom und Feld.

Die Trägen, die zu Hause liegen,
erquicket nicht das Morgenrot,
sie wissen nur von Kinderwiegen,
von Sorgen, Last und Not ums Brot.

Die Bächlein von den Bergen springen,
die Lerchen schwirren hoch vor Lust.
Was sollt' ich nicht mit ihnen singen
aus voller Kehl' und frischer Brust?

Den lieben Gott laß ich nur walten.
Der Bächlein, Lerchen, Wald und Feld
und Erd' und Himmel will erhalten,
hat auch mein' Sach' aufs Best' bestellt.

Ein Sträußchen am Hute

Ein Sträußchen am Hu - te, den Stab an der
Hand zieht rast - los der Wan-drer von Lan - de zu
Land. Er sieht so manch Städt-chen, er sieht man-chen
Ort: Doch fort muß er wie-der, muß wei - ter fort.

Da sieht er am Wege viel Blumen da stehn:
Der Wandrer muß eilend vorübergehn;
sie blühen so herrlich, sie duften so schön:
Doch fort muß er wieder, muß weiter zieh'n.

Dort winkt ihm ein Häuschen, am Berge gebaut,
von Rosen umgeben, von Trauben umlaubt:
Da könnt's ihm gefallen, da sehnt' er sich hin;
doch fort muß er wieder, muß weiter zieh'n.

Ein freundliches Mädchen, das redet ihn an:
Sei herzlich willkommen, du wandernder Mann!
Sie sieht ihm in's Auge, er drückt ihr die Hand:
Doch fort muß er wieder, muß weiter zu Land.

Es bietet das Leben ihm manchen Genuß,
das Schicksal gebietet dem strauchelnden Fuß.
Da steht er am Grabe und schauet zurück:
Hat wenig genossen vom irdischen Glück.

Das Wandern ist des Müllers Lust

Das Wan-dern ist des Mül-lers Lust, das Wan-dern ist des
Mül-lers Lust, das Wan - dern. Das muß ein schlechter
Mül-ler sein, dem nie-mals fiel das Wan-dern ein, dem
nie-mals fiel das Wan-dern ein, das Wan - dern.

Vom Wasser haben wir's gelernt,
vom Wasser:
Das hat nicht Rast bei Tag und Nacht,
ist stets auf Wanderschaft bedacht,
das Wasser.

Das sehn wir auch den Rädern ab,
den Rädern:
Die gar nicht gerne stille stehn,
die sich mein Tag nicht müde drehn,
die Räder.

Die Steine selbst, so schwer sie sind,
die Steine,
sie tanzen mit den muntern Reih'n
und wollen gar noch schneller sein,
die Steine.

O Wandern, Wandern meine Lust,
o Wandern!
Herr Meister und Frau Meisterin,
laßt mich in Frieden weiter ziehn
und wandern.

Nun ade, du mein lieb Heimatland

Nun a - de, du mein lieb Hei - mat - land, lieb
Hei - matland, a - de. Es geht nun fort zum
frem - den Strand, lieb Hei - mat - land, a - de. Und so
sing ich denn mit fro - hem Mut, wie man sin - get, wenn man
wan - dern tut, lieb Hei - mat - land, a - de!

Wie du lachst mit deines Himmels Blau,
lieb Heimatland, ade.
Wie du grüßest mich mit Feld und Au',
lieb Heimatland, ade.
Gott weiß, zu dir steht stets mein Sinn,
doch jetzt zur Ferne zieht's mich hin:
Lieb Heimatland, ade!

Begleitest mich, du lieber Fluß,
lieb Heimatland, ade.
Bist traurig, daß ich wandern muß;
lieb Heimatland, ade.
Vom moos'gen Stein, vom wald'gen Tal,
da grüß' ich dich zum letztenmal:
Lieb Heimatland, ade!

Wer recht in Freuden wandern will

Wer recht in Freu-den wan - dern will, der geh der Sonn ent - ge - gen. Da ist der Wald so kir-chenstill, kein Lüft-chen mag sich re - gen. Noch sind nicht die Ler - chen wach, nur im ho - hen Gras der Bach singt lei - se den Mor - gen- se - gen.

Die ganze Welt ist wie ein Buch,
darin uns aufgeschrieben
in bunten Zeilen manch ein Spruch,
wie Gott uns treu geblieben;
Wald und Blumen, nah und fern,
und der helle Morgenstern
sind Zeugen von seinem Lieben.

Da zieht die Andacht wie ein Hauch
durch alle Sinnen leise;
da pocht ans Herz die Liebe auch
in ihrer stillen Weise,
pocht und pocht, bis sich's erschließt
und die Lippe überfließt
von lautem, jubelndem Preise.

Und plötzlich läßt die Nachtigall
im Busch ihr Lied erklingen;
in Berg und Tal erwacht der Schall
und will sich aufwärts schwingen,
und der Morgenröte Schein
stimmt in lichter Glut mit ein:
Laßt uns dem Herrn lobsingen.

Heut noch sind wir hier zu Haus

Heut noch sind wir hier zu Haus, mor-gen geht's zum
Tor hin - aus. Und wir müs- sen wan - dern,
wan - dern, kei - ner weiß vom an - dern.

Lange wandern wir umher
durch die Länder kreuz und quer,
wandern auf und nieder,
keiner sieht sich wieder.

Und so wand'r ich immerzu,
fände gerne Rast und Ruh,
muß doch weiter gehen,
Kält und Hitz ausstehen.

Manches Mägdlein lacht mich an,
manches spricht: bleib lieber Mann!
Ach, ich bliebe gerne,
muß doch in die Ferne!

Und die Ferne wird mir nah:
endlich ist die Heimat da!
Aber euch, ihr Brüder,
seh ich niemals wieder.

So scheiden wir mit Sang und Klang

So schei - den wir mit Sang und Klang, leb
wohl, du schö-ner Wald, mit dei-nen küh-len
Schat - ten, mit dei-nen grü-nen Mat - ten, du
sü - ßer Aufent - halt, du sü - ßer Aufent - halt.

Wir singen auf dem Heimweg noch
ein Lied der Dankbarkeit:
Lad ein wie heut' uns wieder
auf Laubesduft und Lieder
zur schönen Maienzeit.

Schaut hin, von fern noch hört's der Wald
in seiner Abendruh',
die Wipfel möcht' er neigen,
er rauschet mit den Zweigen,
lebt wohl, ruft er uns zu.

Nun leb wohl, du kleine Gasse

Nun leb' wohl, du klei - ne Gas - se, nun leb'
wohl, du stil - les Dach! Va - ter, Mut - ter sahn mir
trau - rig, und die Lieb - ste sah mir
nach _____, und die Lieb - ste sah mir nach.

Hier in weiter, weiter Ferne,
wie's mich nach der Heimat zieht!
Lustig singen die Gesellen;
doch es ist ein falsches Lied.

Andre Städtchen kommen freilich,
andre Mädchen zu Gesicht;
ach wohl sind es andre Mädchen,
doch die eine ist es nicht!

Andre Städtchen, andre Mädchen,
ich da mitten drin so stumm!
Andre Mädchen, andre Städtchen,
o wie gerne kehrt' ich um!

Die Luft ist so blau

Die Luft ist so blau und das Tal ist so grün.

Lieb' Müt-ter-lein, laß in die Frem-de mich ziehn!

Ich schnüre mein Bündel, dann zieh' ich hinaus,
den Stab in der Hand und am Hute den Strauß.

Ich wandre durch Deutschland und komm an den Rhein,
bei tüchtigen Meistern, da kehr' ich dann ein.

Und sitzt dann das Mütterlein abends und spinnt,
denkt traurig: Wo weilt doch mein einziges Kind?

Da klopft es gar lustig ans Fensterlein klein,
da tritt zu der Türe der Wanderbursch ein.

Gott grüß' dich, lieb' Mutter! Schau, bist ja noch frisch!
Und schüttet ihr jauchzend sein Geld auf den Tisch.

Ich lernte mein Handwerk, es bringt noch was ein;
bald werd' ich nun Meister, wie wirst du dich freun!

Des Sonntags in der Morgenstund

Des Sonn-tags in der Mor-gen-stund, da
am Rhein, wenn rings im wei-ten Rund die

wan-dert sichs so schön
Mor-gen-glok-ken gehn.
Ein Schiff-lein zieht auf

blau-er Flut, da singts und ju-belts drein: Du

Schiff-lein, gelt, das fährt sich gut in

all die Lust hin-ein? Du Schiff-lein, gelt, das

fährt sich gut in all die Lust hin-ein?

Vom Dorfe hallet Orgelton,
es tönet frommes Lied;
andächtig dort die Prozession
aus der Kapelle zieht.
Und ernst in all' die Herrlichkeit
die Burg hernieder schaut
und spricht von alter guter Zeit,
die auf den Fels erbaut.

Das alles baut der prächt'ge Rhein
mit seinem Rebenstrand
und spiegelt recht im hellsten Schein
das ganze Vaterland:
Das fromme, treue Vaterland
in seiner vollen Pracht,
mit Lust und Liedern allerhand
vom lieben Gott bedacht.

Wohlauf, die Luft geht frisch und rein

Wohl - auf, die Luft geht frisch und rein, wer
Den al - ler - schönsten Son - nen-schein läßt

lan - ge sitzt, muß ro - sten! Drum
uns der Him - mel ko - sten.

reicht mir Stab und Or - dens - kleid der

fah - ren-den Scho - la - ren, ich will zur schö-nen

Som-mer - zeit ins Land der Fran - ken fah - ren.

Val - le - ri, val - le - ra, val - le -

ri, val - le - ra, ins Land der Fran - ken fah - ren.

Der Wald steht grün, die Jagd geht gut,
schwer ist das Korn geraten;
sie können auf des Maines Flut
die Schiffe kaum verladen.
Bald hebt sich auch das Herbsten an,
die Kelter harrt des Weines;
der Winzer Schutzherr Kilian
beschert uns etwas Feines.
Valleri, vallera, valleri, vallera,
beschert uns etwas Feines.

Wallfahrer ziehen durch das Tal
mit fliegenden Standarten,
hell grüßt ihr doppelter Choral
den weiten Gottesgarten.
Wie gerne wär ich mitgewallt,
ihr Pfarr' wollt mich nicht haben!
So muß ich seitwärts durch den Wald
als räudig Schäflein traben.
Valleri, vallera, valleri, vallera,
als räudig Schäflein traben.

Zum heilgen Veit von Staffelstein
komm' ich emporgestiegen
und seh die Lande um den Main
zu meinen Füßen liegen:
Von Bamberg bis zum Grabfeldgau
umrahmen Berg und Hügel
die breite, stromdurchglänzte Au,
ich wollt, mir wüchsen Flügel!
Valleri, vallera, valleri, vallera,
ich wollt, mir wüchsen Flügel.

Einsiedelmann ist nicht zu Haus,
dieweil es Zeit zu mähen;
ich seh ihn an der Halde draus
bei einer Schnittrin stehen.
Verfahrner Schüler Stoßgebet
heißt: Herr, gib uns zu trinken!
Doch wer bei schöner Schnittrin steht,
dem mag man lange winken.
Valleri, vallera, valleri, vallera,
dem mag man lange winken.

Einsiedel, das war mißgetan,
daß du dich hubst von hinnen!
Es liegt, ich seh's dem Keller an,
ein guter Jahrgang drinnen.
Hoiho! die Pforten brech ich ein
und trinke, was ich finde.
Du heiliger Veit von Staffelstein,
verzeih mir Durst und Sünde!
Valleri, vallera, valleri, vallera,
verzeih mir Durst und Sünde!

Im grünen Wald, dort wo die Drossel singt

Im grü - nen Wald, dort wo die Dros - sel singt, Dros - sel singt, und im Ge - büsch das mun - tre Reh - lein springt, Reh - lein springt, wo Tann und Fich - ten stehn am Wal-des - saum, ver - lebt ich mei - ner Ju - gend schön - sten Traum.

Das Rehlein trank wohl aus dem klaren Bach,
klaren Bach,
während der Kuckuck aus dem Walde lacht,
Walde lacht.
Der Jäger zielt schon hinter einem Baum,
das war des Rehleins letzter Lebenstraum.

Getroffen war's und sterbend lag es da,
lag es da,
das man vorher noch lustig hüpfen sah,
hüpfen sah.
Da trat der Jäger aus dem Waldessaum
und sprach: Das Leben ist ja nur ein Traum.

Die Jugendjahr', sie sind schon längst entfloh'n,
längst entfloh'n,
die ich verlebt als junger Jägerssohn,
Jägerssohn.
Er nahm die Büchse, schlug sie an ein' Baum
und sprach: Das Leben ist ja nur ein Traum.

Jetzt ist die Zeit und Stunde da

Jetzt ist die Zeit und Stun-de da, wir
rei- sen nach A-me-ri-ka; der Wa-gen steht schon
vor der Tür, mit Sack und Pack mar-schie-ren wir.

Ihr Freunde wohl und anverwandt,
reicht mir zum letztenmal die Hand.
Ihr Freunde, weinet nicht so sehr,
wir sehn uns nun und nimmermehr.

Und wenn das Schiff am Ufer steht,
so wird ein Liedchen angestimmt.
Wir fürchten keinen Wasserfall,
wir denken, Gott ist überall.

Und sind wir dann in Baltimore,
so heben wir die Händ' empor
und rufen dann Viktoria,
jetzt sind wir in Amerika.

In Amerika, da ist es fein,
da fließt der Wein zum Fenster rein.
Wir trinken eine Flasche Wein
und lassen Deutschland Deutschland sein.

Und woll'n wir nun spazieren gehn
im grünen Wald, wo Blumen stehn,
da fand ich eine, die da spricht:
Blaublümelein, Vergißmeinnicht!

Heute wollen wir das Ränzlein schnüren

Heu - te wol - len wir das Ränz - lein schnü - ren, La - chen, Lust und Froh-sinn mit hin - ein. Gol - den strahlt die Son - ne uns zur Freu - de, Am - sel, Dros - sel - ruf er - tönt vom Hain. Zupft die Fie - del, singt ein Lie - del, laßt die Sor-gen all zu Haus. Denn wir wan-dern, denn wir wan - dern, denn wir wandern in die Welt hin - aus.

Haben wir des Berges Höh'n erklommen,
rufen lachend wir ins Tal zurück:
Lebet wohl, ihr engen staub'gen Gassen,
heute lacht uns der Scholaren Glück!

Unser ist des heil'gen Waldes Dunkel
und der blühnden Heide Scharlachkleid
und des Kornes wogendes Gefunkel,
alles Blühn und Werden weit und breit!

Reinhold Schaad
© Voggenreiter Verlag, Bonn-Bad Godesberg

Wir wollen zu Land ausfahren

Wir wol - len zu Land aus - fah - ren
ü - ber die Ber - ge weit, auf - wärts zu den
kla - ren Gip - feln der Ein - sam - keit.
Hor-chen wo-her der Berg - wind braust, se - hen was
in den Wäl - dern haust, und wie die Welt so
weit ___, und wie die Welt so weit.

Fremde Wasser dort springen, sie sollen uns Weiser sein,
wo wir wandern und singen Lieder ins Land hinein.
Und brennt unser Feuer an gastlicher Statt,
so sind wir geborgen und schmausen uns satt,
und die Flammen leuchten darein.

Und wandelt aus tiefem Tale heimlich und still die Nacht
und sind vom Mondenstrahle Gnomen und Elfen erwacht,
dämpfet die Stimmen, die Schritte im Wald,
so hört ihr und seht ihr manch' Zaubergestalt,
die wallt mit uns durch die Nacht!

Es blühet im Walde tief drinnen die blaue Blume fein,
die Blume zu gewinnen, ziehn wir in die Welt hinein.
Es rauschen die Bäume, es murmelt der Bach,
und wer die blaue Blume finden will,
der muß ein Wandervogel sein.

Kurt v. Burkersroda
Möseler Verlag, Wolfenbüttel und Zürich

Vögele im Tannenwald

Vö - ge - le im Tan - nen - wald pfei - fet so hell, ti - ri - li! Vö - ge - le im Tan - nen - wald pfei - fet so hell. Pfei - fet den Wald aus und ein, wo wird mein Schät - ze - le sein? Vö - ge - le im Tan - nen - wald pfei - fet so hell.

Vögele am kühle Bach
pfeifet so süß, tirili!
Vögele am kühle Bach
pfeifet so süß.
Pfeifet de Bach auf und ab,
bis i mein Schätzele hab.
Vögele am kühle Bach
pfeifet so süß.

Vögele ums Lauberhaus
pfeifet so leis, tirili!
Vögele ums Lauberhaus
pfeifet so leis.
Pfeifet so zart und fei,
's Schätzle wird drinne sei.
Vögele ums Lauberhaus
pfeifet so leis.

Ich reise übers grüne Land

Ich rei - se ü - bers grü - ne Land, der
Win - ter ist ver - gan - gen; hab um den Hals ein
gül - den Band, dar - an die Lau - te han - gen.

Der Morgen tut ein' roten Schein,
den recht mein Herze spüret.
Da greif ich in die Saiten ein,
der liebe Gott mich führet.

So silbern geht der Ströme Lauf,
fernüber schallt Geläute,
die Seele ruft in sich: Glück auf!
Rings grüßen frohe Leute.

Mein Herz ist recht von Diamant,
ein Blum von Edelsteinen,
die funkelt lustig übers Land
in tausend schönen Scheinen.

Die Welt ist schön! Hinaus! Im Wald
gehn Wasser auf und unter.
Im grünen Wald sing, daß es schallt:
Mein Herz, bleib frei und munter!

Die Sonne uns im Dunkeln läßt,
im Meere sich zu spülen,
da ruh ich aus vom Tagesfest
fromm in der roten Kühle.

Hoch führet durch die stille Nacht
der Mond die goldnen Schafe;
den Kreis der Erden Gott bewacht,
wo ich tief unten schlafe.

Wie liegt all falsche Pracht so weit!
Schlaf wohl auf stiller Erde!
Gott schütz dein Herz in Ewigkeit,
daß es nie traurig werde!

Im Frühtau zu Berge

Im Früh-tau zu Ber-ge wir ziehn, fal-le-ra, es
grü-nen al-le Wäl-der, al-le Höh'n, fal-le-ra.
Wir wan-dern oh-ne Sor-gen sin-gend in den
Mor-gen, noch e-he im Ta-le die Häh-ne krähn.

Ihr alten und hochweisen Leut,
ihr denkt wohl, wir sind nicht gescheit?
Wer wollte aber singen,
wenn wir schon Grillen fingen
in dieser herrlichen Frühlingszeit?

Werft ab alle Sorge und Qual
und wandert mit uns aus dem Tal!
Wir sind hinaus gegangen,
den Sonnenschein zu fangen:
Kommt mit und versucht es auch selbst einmal!

Wir sind jung, die Welt ist offen

Wir sind jung, die Welt ist of-fen,
Un-ser Seh-nen, un-ser Hof-fen

o du schö-ne wei-te Welt!
zieht hin-aus durch Wald und Feld. Bru-der, laß den

Kopf nicht hän - gen, kannst ja nicht die Ster-ne

sehn! Auf-wärts blik-ken, vor-wärts drän-gen;

Wir sind jung, und das ist schön_____, das ist schön.

Liegt dort hinter jenem Walde
nicht ein fernes, fremdes Land?
Blüht auf grüner Bergeshalde
nicht das Blümlein Unbekannt?
Laßt uns schweifen ins Gelände,
über Täler, über Höhn,
wo sich auch der Weg hinwende,
wir sind jung, und das ist schön.

Auf denn, auf, die Sonne zeige
uns den Weg durch Wald und Hain;
geht darob der Tag zur Neige,
leuchtet uns der Sterne Schein.
Bruder, schnell, den Rucksack über,
heute soll's ins Weite gehn,
Regen, Wind, wir lachen drüber,
wir sind jung, und das ist schön.

Wir ziehen über die Straßen

Wir zie - hen ü - ber die Stra - ßen im
schwe - ren, fe - sten Tritt, und ü - ber uns die
Fah - ne, sie knallt und flat - tert mit. Trum, trum,
di - ri, hei di - ri di - ri di - ri di - ri dum! dum!

Voran der Trommelbube,
er schlägt die Trommel gut,
er weiß noch nichts von Liebe,
weiß nicht, wie Scheiden tut.

Aus grauer Städte Mauern

Aus grau - er Städ - te Mau - ern ziehn
Wer bleibt, der mag ver - sau - ern, wir

wir durch Wald und Feld.
fah - ren in die Welt.

Hal - li, hal - lo, wir

fah - ren, wir fah - ren in die Welt. Hal -

li, hal - lo, wir fah - ren, wir fah - ren in die Welt.

Der Wald ist unsre Liebe,
der Himmel unser Zelt,
ob heiter oder trübe,
wir fahren in die Welt.

Ein Heil dem grünen Walde,
zu dem wir uns gesellt.
Hell klingt's durch Berg und Halde;
wir fahren in die Welt.

Die Sommervögel ziehen
schon über Wald und Feld.
Da heißt es Abschied nehmen;
wir fahren in die Welt.

Hans Riedel
© Voggenreiter Verlag,
Bonn-Bad Godesberg

Wie oft sind wir geschritten

Wie oft sind wir ge - schrit - ten auf
schma - lem Ne - ger - pfad wohl durch der Step - pe
Mit - ten, wenn früh der Mor - gen naht; wie
lausch - ten wir dem Klan - ge, dem
al - ten, trau - ten San - ge der Trä - ger und As -
ka - ri: Hei - a, hei - a, Sa - fa - ri!

Steil über Berg und Klüfte
durch tiefe Urwaldnacht,
wo schwül und feucht die Lüfte
und nie die Sonne lacht,
durch Steppengräserwogen
sind wir hindurchgezogen
mit Trägern und Askari:
Heia, heia, Safari!

Und saßen wir am Feuer
des Nachts wohl vor dem Zelt,
lag wie in stiller Feier
um uns die nächtge Welt;
und über dunkle Hänge
tönt es wie ferne Klänge
von Trägern und Askari:
Heia, heia, Safari!

Tret ich die letzte Reise,
die große Fahrt einst an,
auf, singt mir diese Weise
statt Trauerliedern dann,
daß meinem Jägerohre
dort vor dem Himmelstore
es klingt wie ein Halali:
Heia, heia, Safari!

A. Ascheborn
© *Voggenreiter Verlag,*
Bonn-Bad Godesberg

Jetzt kommen die lustigen Tage

Jetzt kom-men die lu - sti - gen Ta - ge,
Schät-zel, a - de, und daß ich es dir auch gleich
sa - ge, es tut mir gar nicht weh.
Und im Som-mer, da blüht der ro - te, ro - te
Mohn und ein lu - sti-ges Blut kommt ü - ber-all da-von.
Schät - zel, a - de, Schät - zel, a - de!

Im Sommer, da müssen wir wandern,
Schätzel, ade,
und küssest du gleich einen andern,
wenn ich es nur nicht seh.
Und seh ich's im Traum,
so red' ich mir halt ein,
ach, es ist ja nicht wahr,
es kann ja gar nicht sein.
Schätzel, ade, Schätzel, ade!

173

Und kehr ich dann einstmals wieder,
Schätzel, ade,
so sing ich die alten Lieder,
vorbei ist all mein Weh.
Und bist du mir gut
wie einstmals im Mai,
so bleib ich bei dir
auf ewige Treu.
Schätzel, ade, Schätzel, ade!

Hoch auf dem gelben Wagen

Hoch auf dem gel-ben Wa - gen sitz ich beim Schwager vorn. Vorwärts die Ros-se tra - ben, lu - stig schmettert das Horn. Ber - ge, Tä - ler und Au - en, leuch-ten-des Äh-ren - gold, ich möch-te in Ru-he gern schau - en; a - ber der Wa-gen, der rollt.

Flöten hör ich und Geigen,
lustiges Baßgebrumm,
junges Volk im Reigen
tanzt um die Linde herum.
Wirbelnde Blätter im Winde,
es jauchzt und lacht und tollt,
ich bliebe so gern bei der Linde;
aber der Wagen, der rollt.

Postillon in der Schenke
füttert die Rosse im Flug,
schäumendes Gerstengetränke
reicht uns der Wirt im Krug.
Hinter den Fensterscheiben
lacht ein Gesicht gar hold,
ich möchte so gerne noch bleiben,
aber der Wagen, der rollt.

Sitzt einmal ein Gerippe
hoch auf dem Wagen vorn,
hält statt der Peitsche die Hippe,
Stundenglas statt Horn.
Sag ich: Ade, nun, ihr Lieben,
die ihr nicht mitfahren wollt,
ich wäre so gern noch geblieben,
aber der Wagen, der rollt.

Die blauen Dragoner

Die blau-en Dra-go-ner, die rei-ten mit
klin-gendem Spiel durch das Tor. Fan-fa-ren sie be-
glei-ten, hell zu den Hü-geln em-
por, hell zu den Hü-geln em-por.

Die wiehernden Rosse, die tanzen,
die Birken, die biegen sich lind,
die Fähnlein auf den Lanzen
flattern im Morgenwind.

Morgen, da müssen sie reiten,
mein Liebster wird bei ihnen sein,
und morgen in allen Weiten,
morgen, da bin ich allein.

G.W. Harmsen
© *Voggenreiter Verlag,*
Bonn-Bad Godesberg

Die grauen Nebel

Die grau - en Ne - bel hat das Licht durch -
Wir se - hen ei - ne blau - e Schar von

drun - gen, und die dü - stern Ta - ge sind da - hin.
Jun - gen an der lau - ten Stadt vor - ü - ber -

ziehn. Komm, komm, lockt der Schritt.

Komm, Ka - me - rad, wir zie - hen mit. Komm, komm,

lockt der Schritt. Komm, wir mar - schie - ren mit.

Sie lassen alles in der Tiefe liegen,
wollen nur hinauf zum hellen Licht,
sie wollen in den klaren Höhen siegen,
einen Weg nach unten gibt es nicht.

Sie werden Männer, die ihr Reich erringen,
die es schützen vor dem großen Feind.
Die Augen strahlen und die Lieder klingen,
ihre Herzen sind im Kampf vereint.

Wenn die bunten Fahnen wehen

Alfred Zschiesche

Wenn die bun-ten Fah-nen we-hen, geht die Fahrt wohl
ü - bers Meer, woll'n wir fer - ne Lan - de se - hen,
fällt der Ab - schied uns nicht schwer. Leuch - tet die
Son - ne, zie - hen die Wol - ken,
klin - gen die Lie - der weit ü - bers Meer.

Sonnenschein ist uns're Wonne,
wie er lacht am lichten Tag!
Doch es geht auch ohne Sonne,
wenn sie mal nicht scheinen mag.
Blasen die Stürme, brausen die Wellen,
singen wir mit dem Sturm unser Lied.

Wo die blauen Gipfel ragen,
lockt so mancher steile Pfad.
Immer vorwärts ohne Zagen,
bald sind wir dem Ziel genaht!
Schneefelder blinken, schimmern von ferne her,
Lande versinken im Wolkenmeer.

Wir lieben die Stürme

Wir lie - ben die Stür - me, die brau - sen - den
sind schon der Mee - re so vie - le ge -

Wo - gen, der eis - kal - ten Win - de
zo - gen, und den - noch___ sank uns - re

rau - hes Ge - sicht. Wir Fah - ne nicht.

Hei - jo, hei - jo, hei - jo hei - jo hei - jo -

ho, hei - jo, hei - jo - ho, hei - jo!

Unser Schiff gleitet stolz durch die schäumenden Wogen,
jetzt strafft der Wind unsre Segel mit Macht.
Seht ihr hoch droben die Fahne sich wenden,
die blutrote Fahne, ihr Seeleut, habt acht!

Wir treiben die Beute mit fliegenden Segeln,
wir jagen sie weit auf das endlose Meer.
Wir stürzen auf Deck, und wir kämpfen wie Löwen,
hei, unser der Sieg, viel Feinde, viel Ehr!

Ja, wir sind Piraten und fahren zu Meere,
wir fürchten nicht Tod und den Teufel dazu,
wir lachen der Feinde und aller Gefahren,
am Grunde des Meeres erst finden wir Ruh.

Kameraden, wir marschieren

Ka - me - ra - den, wir mar - schie-ren, wol-len
frem - des Land durch - spü - ren, wol - len
frem - de Ster - ne sehn. Ka - me - ra - den, wir mar -
schie-ren, laßt die bun - ten Fah-nen wehn! wehn!

Kameraden, unsre Speere
schleudern wir in fremde Meere,
schwimmen nach und holn sie ein,
Kameraden, unsre Speere
sollen Pfeil und Ziel uns sein.

Kameraden, fremde Welten
wachen nachts bei unsern Zelten,
wenn die Feuer tiefgebrannt,
Kameraden, fremde Welten
singen leis von unserm Land.

Jürgen Riel
© Voggenreiter Verlag,
Bonn-Bad Godesberg

Mich brennts in meinen Reiseschuhn

Mich brennts in mei-nen Rei - se - schuhn,
fort mit der Zeit zu schrei - ten, was
wol-len wir a - gie - ren nun vor so viel
klu-gen Leu - ten, vor so viel klu-gen Leu - ten?

Es hebt das Dach sich von dem Haus,
und die Kulissen rühren
und strecken sich zum Himmel raus,
Strom, Wälder musizieren!

Da gehn die einen müde fort,
die andern nahn behende,
das alte Stück, man spielt's so fort
und kriegt es nie zu Ende.

Und keiner kennt den letzten Akt
von allen, die da spielen,
nur der da droben schlägt den Takt,
weiß, wo das hin will zielen.

J. v. Eichendorff
© Voggenreiter Verlag,
Bonn-Bad Godesberg

Freunde, laßt uns fröhlich loben

Freun-de, laßt uns fröh-lich lo - ben uns-re schö-ne
hel - le Welt, mags im Fin -stern noch so
to - ben, wir sind treu dem Tag ge - sellt.

Sonne, Wolken, Schnee und Regen
ziehen über uns dahin,
um uns glühet Gottes Segen,
und wir stehen mittendrin.

Laßt die alte Welt sich heben
in das helle Morgenlicht,
daß uns wieder neues Leben
aus den alten Schollen bricht.

Freunde, laßt uns fröhlich loben
unsre schöne helle Welt,
mags im Finstern noch so toben,
wir sind treu dem Tag gesellt.

Gottfried Wolters
Möseler Verlag, Wolfenbüttel und Zürich

Nehmt Abschied

Nehmt Ab - schied, Brü-der, un - ge - wiß ist
al - le Wie - der - kehr, die Zu-kunft liegt in
Fin - ster-nis und macht das Herz uns schwer. Der
Him - mel wölbt sich ü - berm Land. A -
de, auf Wie - der - sehn! Wir ru - hen all in
Got - tes Hand. Lebt wohl, auf Wie - der - sehn!

Die Sonne sinkt, es steigt die Nacht
vergangen ist der Tag.
Die Welt schläft ein, und leis erwacht
der Nachtigallenschlag.

Es ist in jedem Anbeginn
das Ende nicht mehr weit,
wir kommen her und gehen hin,
und mit uns geht die Zeit.

Nehmt Abschied, Brüder, schließt den Kreis!
Das Leben ist ein Spiel;
und wer es recht zu spielen weiß,
gelangt ans große Ziel.

Scheint die helle Sonne

Scheint die hel - le Son - ne, wel - che Won - ne,
scheint ins wei - te Land hin - ein: Sin - gen wir ein
fri - sches Lied, und wer mit uns zieht, singt es fröh - lich
mit. Fa la la, komm doch mit! Komm doch mit uns
in die Welt, wie es uns ge - fällt. fällt.

Wenn wir heute wandern,
laßt die Andern,
die zu Haus geblieben sind,
sitzen in dem warmen Nest!
Wer den Sommer läßt,
hält ihn auch nicht fest.
Falala, bleib doch da!
Und wir wandern in die Welt,
wie es uns gefällt.

Heinz Lau
Möseler Verlag, Wolfenbüttel und Zürich

Wir wolln im grünen Wald

Wir wolln im grü - nen Wald ein frei - es Le - ben
füh - ren. Und wer da hat ein fri - schen Mut,
fro - hes Herz und jun - ges Blut, der soll mit uns mar -
schie - ren, fa la la la la, soll mit uns mar -
schie - ren, fa la la la la, soll mit uns mar - schie - ren.

Ihr auch im Federkleid, des Sommers Kameraden,
ihr Finken bunt, ihr Lerchen grau,
die ihr singt im Himmelsblau,
seid alle eingeladen.

Die Jugend und die Lieb sind leider nicht zu trennen,
denn wer da hat ein frischen Mut,
frohes Herz und junges Blut,
muß für die Lieb entbrennen.

Jens Rohwer
Möseler Verlag, Wolfenbüttel und Zürich/
Voggenreiter Verlag, Bonn-Bad Godesberg

Alle, die mit uns auf Kaperfahrt fahren

Al - le, die mit uns auf Ka - per-fahrt fah - ren,
müs - sen Män - ner mit Bär - ten sein. Jan und
Hein und Klaas und Pit, die ha - ben Bär - te, die ha - ben
Bär - te, die ha - ben Bär - te, die fah - ren mit.

Alle, die Tod und Teufel nicht fürchten,
müssen Männer mit Bärten sein.
Jan und Hein und Klaas und Pit,
die haben Bärte, die fahren mit.

Alle, die mit uns das Walroß killen,
müssen Männer mit Bärten sein.
Jan und Hein und Klaas und Pit,
die haben Bärte, die fahren mit.

Alle, die öligen Zwieback essen,
müssen Männer mit Bärten sein.
Jan und Hein und Klaas und Pit,
die haben Bärte, die fahren mit.

Alle, die Stürme und Wellen lieben,
müssen Männer mit Bärten sein.
Jan und Hein und Klaas und Pit,
die haben Bärte, die fahren mit.

Alle, die mit uns im Meer versinken,
müssen Männer mit Bärten sein.
Jan und Hein und Klaas und Pit,
die haben Bärte, die fahren mit.

Gottfried Wolters
Möseler Verlag, Wolfenbüttel und Zürich

Wir sind durch Deutschland gefahren

Wir sind durch Deutschland ge - fah - ren, vom
Meer bis zum Al - pen - schnee, wir ha - ben noc
Wind in den Haa - ren, den Wind von den Bergen un
Seen, Haa - ren, den Wind von den Ber-gen und Seen.

In den Ohren das Brausen der Ströme,
der Wälder raunender Sang,
das Geläut von den Glocken der Dome,
der Felder Lerchengesang.

In den Augen das Leuchten der Sterne,
das Flimmern der Heidsonnenglut.
Und tief in der Seele das Ferne,
das Sehnen, das nimmermehr ruht.

Und du, Kamerad, mir zur Seite,
so fahren wir durch das Land,
wir fahren die Läng und die Breite
durch Regen und Sonnenbrand.

Wenn wir erklimmen

Wenn wir er - klim - men schwin-deln - de Hö - hen,
stei-gen dem Gipfel-kreuz zu, in un-sern Her-zen
brennt ei - ne Sehn-sucht, die läßt uns nim -mer -mehr
Ruh. Herr-li - che Ber-ge, son-ni - ge Hö -hen,
Berg-va - ga-bun-den sind wir, ja wir. wir.

Mit Seil und Haken, alles zu wagen
hängen wir an steiler Wand.
Herzen erglühen, Edelweiß blühen,
vorbei geht's mit sicherer Hand.

Fels ist bezwungen, frei atmen Lungen,
ach, wie so schön ist die Welt.
Handschlag, ein Lächeln, Mühen vergessen,
alles aufs Beste bestellt.

Beim Alpenglühen heimwärts wir ziehen,
Berge die leuchten so rot.
Wir kommen wieder, denn wir sind Brüder,
Brüder auf Leben und Tod.
Lebt wohl ihr Berge, sonnige Höhen,
Bergvagabunden sind treu.

Auf weißer Straß' im Sonnenglast

Auf wei-ßer Straß' im Sonnenglast. Tip - pe - li-no, tip-pe
lo. Nichts hält uns auf, nichts hemmt den Lauf. Tip-pe
li-no, tip-pe-lo! Ju-go-sla-wi-a, so zie-hen wir, he
ja. Mor-gen wiegt sich⸺ un-ser Kra-nich⸺
an der blauen A-dri - a ⸺. Morgen A-dri - a ⸺.

Julische Alpen anzusehn
— Tippelino, tippelo —
Bosniens Berge und Moscheen
— Tippelino, tippelo —
Wilden Wassern gleich,
wie Piva, Tara, Lim,
treibt es uns hin nach Ragusa
an die blaue Adria.

Zagreb, Rijeka, Rab, Zadar
— Tippelino, tippelo —
Sibenik, Split, Risar, Mostar
—Tippelino, tippelo —
Jugoslawia,
bald sind wir wieder da.
Do vidjenia, do vidjenia!
Schöne blaue Adria!

In meinem Bauerngarten

In meinem Bauerngarten, da
stehn viel schöne Blum: Stiefmütterchen
die zarten, Nariß und Lilium.

Und schlanke Pappelrosen
am Rand von Kraut und Kohl,
Goldlack und Skabiosen
und Nelken und Viol.

Und zwischen Bohnenhecken
und Dill und Bertramkraut
hab ich mir ein paar Stecken
Tomaten angebaut.

Und reichlich Georginen —
sieh an, sie kommen grad!
Und vor und hinter ihnen
Kohlrabi und Salat.

Ein Schmeckerchen Kamille,
ein Rüchlein Rosmarin,
und, daß es heil' und stille,
die Minze zwischendrin.

Das gibt ein Blühn und Schwellen
wohl hinterm knappen Zaun,
mit Liebe zu bestellen,
mit Freude anzuschaun.

Kommst du die Straß' vorüber,
schau auch und freue dich!
Du hast die Blumen lieber,
und Erbs und Gurke ich.

Heimat ist ein altes Wort

Hei - mat ist ein al - tes Wort: Ver -
wahr ich's o - der werf ich's fort?

Ich war einmal in einem Land,
das hätt ich Heimat fast genannt.

Dort gibt's ein Tal, das nennt sich Glen,
dort hab ich Adler fliegen sehn.

Dort gibt's ein'n See, der nennt sich Vann,
aus dem man Wasser trinken kann.

Dort gibt's ein Flüßchen, Creuse genannt,
wo ich noch Krebs und Fische fand.

Doch leb ich hier in einer Stadt,
die hunderttausend Menschen hat.

Hier sieht man weder See noch Tal,
hier gibt's nur Steine, Glas und Stahl.

Doch vor der Stadt, man sieht es kaum,
liegt grünes Feld mit Strauch und Baum.

Heut hat ein Mensch dies Feld gekauft,
und morgen steht ein Hochhaus drauf.

So wird's auch meiner Heimat gehn,
so schwer mir's fällt, dies einzusehn.

Ich hab nur einen Wunsch im Sinn:
daß ich dann schon gestorben bin.

Du und Ich

Du bist min, ich bin din,
des solt du gewis sin,
du bist beslozzen
in minem herzen,
verlorn ist daz sluzzelin,
du muost och immer darinne sin.

Chume, chume, geselle min,
ih enbite harte din,
ih enbite harte din,
chum, chum, geselle min.

Suozer roservarwer munt,
chum und mache mich gesunt,
chum und mache mich gesunt,
suozer roservarwer munt.

Floret silva undique,
nah mime gesellen ist mir we.

Gruonet der walt allenthalben,
wa ist min geselle alselange.

Der ist geriten hinnen,
owi, wer sol mich minnen.

Ich zôch mir einen valken   mêre danne ein jâr.
dô ich in gezamete,   als ich in wolte hân,
und ich im sîn gevidere   mit golde wol bewant,
er huop sich ûf vil hôhe   und floug in anderiu lant.

Sît sach ich den valken   schône vliegen;
er fuorte an sinem fuoze   sîdîne riemen,
und was im sîn gevidere   alrôt guldin.
got sende si zesamene   die geliebe wellen gerne sîn.

Under der linden
an der heide,
dâ unser zweier bette was,
dâ muget ir vinden
schône beide
gebrochen bluomen unde gras.
vor dem walde in einem tal,
tandaradei!
schône sanc diu nahtegal.

Ich kam gegangen
zuo der ouwe:
dô was min friedel komen ê.
dâ wart ich erpfangen,
hêre frouwe!
daz ich bin saelic iemer mê.
kuste er mich? wol tûsentstunt:
tandaradei!
seht, wie rot mir ist der munt.

Dô het er gemachet
alsô rîche
von bluomen eine bettestat.
des wirt noch gelachet
inneclîche
kumt iemen an daz selbe pfat.
bî den rôsen er wol mac
tandaradei!
merken wâ mirz houbet lac.

Daz er bî mir laege,
wesse ez iemen
(nu enwelle got!), sô schamt ich mich.
wes er mit mir pflaege,
niemer niemen
bevinde daz, wan er und ich
unde ein kleinez vogellîn:
tandaradei!
daz mac wol getriuwe sîn.

All mein Gedanken

All mein Ge-danken, die ich hab', die sind bei dir.
Du aus - er - wählter einz'ger Trost, bleib stets bei mir.

Du, du, du sollst an mich ge - den - ken. Hätt' ich al - ler

Wünsch Ge-walt, von dir wollt ich nicht wen - ken.

Du auserwählter einz'ger Trost, gedenk daran!
Leib und Gut, das sollst du gar zu eigen han.
Dein, dein, dein will ich immer bleiben:
Du gibst Freud und hohen Mut
und kannst mir Leid vertreiben.

Dein allein und Niemands mehr, das wiss' fürwahr,
tätst du desgleichen Treu an mir, so wär ich froh.
Du, du, du sollst von mir nit setzen:
Du gibst Freud und hohen Mut
und kannst mich Leids ergetzen.

Die werte Rein, die ward sehr wein'n, do das geschah:
Du bist mein und ich bin dein, sie traurig sprach.
Wann, wann, wann ich soll von dir weichen:
Ich nie erkannt, noch nimmer mehr
erkenn ich deines Gleichen!

Ich fahr dahin

Ich fahr da-hin, wann es muß sein, ich
scheid mich von der Lieb-sten mein; zur Letz laß ich das
Her - ze mein, die - weil ich leb, so soll es
sein! Ich fahr da-hin, ich fahr da-hin.

Das sag ich ihr und niemand meh:
Mein'm Herzen g'schah noch nie so weh.
Sie ist mir lieb, je läng'r je mehr,
durchs Meiden muß ich leiden schwer.
Ich fahr dahin, ich fahr dahin.

Halt du dein Treu so stet als ich!
Und wie du willst, so findst du mich.
Halt dich in Hut, das bitt ich dich!
Gesegn dich Gott! Gedenk an mich!
Ich fahr dahin, ich fahr dahin.

Innsbruck, ich muß dich lassen

Inns-bruck, ich muß dich las - sen,   ich fahr da-hin
mein Stra - ßen,   in frem-de Land da - hin.   Mein
Freud ist mir ge-nom - men,   die ich nit weiß be-kom-
men,   wo ich in E - - - lend bin.

Groß Leid muß ich ertragen,
das ich allein tu klagen
dem liebsten Buhlen mein.
Ach Lieb, nun laß mich Armen
im Herzen dein erwarmen,
daß ich muß dannen sein.

Mein Trost ob allen Weiben,
dein tu ich ewig bleiben,
stet, treu, der Ehren frumm.
Nun muß dich Gott gewahren
in aller Tugend sparen,
bis daß ich wiederkumm.

Ich schell mein Horn in Jammers Ton

Ich schell mein Horn in Jammers Ton,
mein Freud seind mir ver-schwun - den.
Und hab ge-jagt ohn A - - be - lon,
es lauft noch vor den Hun - - den.
Ein e - dels G'wild in die - sem G'fild,
als ich's hätt aus - er - ko - - ren;
es scheucht ab mir, als ich es spür,
mein Ja - gen ist ver - lo - - ren.

Fahr hin Gewild in Waldeslust!
Ich will nit mehr erschrecken
mit Jagen dein schneeweiße Brust,
ein ander muß dich wecken
und jagen frei mit Hundes Krei,
da du nit magst entrinnen;
halt dich in Hut, mein Tierlein gut,
mit Leid scheid ich von hinnen.

Kein edlers Tier ich jagen kann,
das muß ich oft entgelten.
Noch halt ich stets auf rechter Bahn,
wiewohl mein Glück kommt selten.
Mag mir nit gehn ein Hochwild schön,
so laß ich mich begnügen
an Hasenfleisch, nit mehr ich heisch,
das kann mich nit betrügen.

Der Maie, der Maie bringt uns der Blümlein viel

Der Mai - e, der Mai - e bringt uns der Blüm-lein viel _____. Ich trag ein frei Ge - mü - te, Gott weiß wohl, wem ichs will _, Gott weiß wohl, wem ichs will.

Ich wills eim freien Gesellen,
derselb der wirbt um mich;
er trägt ein seidin Hemmt an
darein so preist er sich.

Er meint, es säng ein Nachtigall,
da wars ein Jungfrau fein:
Und kann er mein nicht werden,
trauret das Herze sein.

Mit Lust tät ich ausreiten

Mit Lust tät ich aus - rei - ten durch ei - nen grü - -nen Wald; dar - in da hört ich sin - gen, ja sin - - - - gen drei Vög - lein wohl - ge - stalt.

So sein es nit drei Vögelein,
es sein drei Jungfräulein;
soll mir das ein nit werden, ja werden,
gilt es das Leben mein.

Das erst das heißet Ursulein,
das ander Bärbelein,
das dritt hat keinen Namen, ja Namen,
das soll des Jägers sein.

Wach auf

Wach auf, wach auf! Mit hel-ler Stimm, hub
Wo zwei Herz-lieb bei-nan-der sind, die

an ein Wäch-ter gu-te.
hal-ten sich in Hu-te,
daß

ihn' kein Ar-ges wi-der-fahr und ihr Sach'nit miß-

lin-ge.

Der Knab, der war entschlafen gar
und schlief wohl also süße.
Die Jungfrau aber weise war,
weckt ihn mit einem Kusse.
Sie küßt ihn freundlich an sein Mund:
Jetzt geht es an ein Scheiden.

Und der uns scheidt, das ist der Tod,
der scheid uns also harte.
Er scheidet manches Mündlein rot,
dazu mein Buhlen zarte.
O reicher Gott, durch deine Güt,
wie scheidest du uns harte.

Der Knab wohl auf sein Rößlein sprang,
er ritt gar bald von dannen.
Die Jungfrau sah ihn nach Hint' an,
groß Leid war ihr zuhanden.
Reitst du hinweg, spar Gott dich g'sund.
Mein Herz tut nach dir langen.

So wünsch ich ihr ein gute Nacht

So wünsch ich ihr ein gu - - te Nacht,
Ein trau - rig Wort sie zu _____ mir sprach:

bei der ich war _____ al - lei - ne.
Wir zwei müs - sen _____ uns schei - den.

Ich schei - de weit, Gott weiß die Zeit,

Wied'r - kom - men das _____ bringt Freu - de.

Und nächten da ich bei ihr was,
ihr Ang'sicht stund voll Röte;
sie sah den Knaben freundlich an:
Der liebe Gott tu dich behüten,
mein Schimpf und Scherz! Scheiden bringt Schmerz,
das bin ich worden innen!

Das Mägdlein an dem Laden stund,
hub kläglich an zu weinen:
Gedenk daran, du junger Knab,
laß mich nicht lang alleine!
Kehr wieder bald, mein Aufenthalt,
lös mich von schweren Träumen!

Der Knab wohl über die Heide reit,
er warf sein Rößlein herumme:
Nu gsegen dich Gott, mein schönes Lieb,
wend deine Red nicht umme!
Beschert Gott Glück, wend nimmer zurück,
ade, meins Herzen ein Krone!

Entlaubet ist der Walde

Ent - lau - bet ist der Wal - de gen die -
Be - rau - bet werd ich bal - de meins Liebs,

sem Win - - - ter kalt.
das macht _____ mich alt. Daß

ich die Schön muß mei - - den, die mir ge - fal -

- len tut, bringt mir heim - li - ches Lei - den

und macht mir schwe - - - ren Mut.

Läßt du mir nichts zur Letze,
mein brauns schwarz Mägdelein,
daß mich die Weil ergetze,
so ich von dir muß sein?
Hoffnung muß mich ernehren,
nach dir so würd ich krank:
Tu bald herwieder kehren,
die Zeit wird mir zu lang!

Feinslieb, laß dich nit affen!
Der Klaffer seind so viel;
halt dich gen mir rechtschaffen!
Treulich dich warnen will;
hüt dich vor falschen Zungen,
darauf sei wohl bedacht!
Sei dir, schöns Lieb gesungen
zu tausend guter Nacht.

Es wollt ein Maidlein Wasser holn

Es wollt ein Maid-lein Was-ser holn aus
ei-nem küh-len Bron-nen, ein schnee-weiß
Hemd-lein hätt sie an,
dar-durch schien ihr die Son-nen.

Sie sicht sich hin, sie sicht sich um,
sie meint, sie wär alleine;
es kummt ein Ritter und sein Knecht,
er grüßt die Jungfrau reine.

Gott grüß euch, zartes Jungfräulein!
Was steht ihr hier alleine?
Wollt ihr dies Jahr mein Schlafbuhl sein,
so ziehet mit mir heime.

Und euer Schlafbuhl bin ich nicht,
ihr bringt mir denn drei Rosen,
die dies Jahr sind gebrochen ab,
wohl zwischen Weihnacht und Ostern.

Er ritt über Berg und tiefe Tal,
er kunnt ihr keine finden,
er ritt wohl für einer Malerin Tür:
Frau Malerin, seid ihr drinne?

Seid ihr darinne, so tret herfür
und malet mir drei Rosen,
wie sie dies Jahr gewachsen sein
wohl zwischen Weihnacht und Ostern!

Und da die Rosen gemalet warn,
da hub er an zu singen:
Freu dich, feins Mägdlein, wo du bist!
Drei Rosen tu ich dir bringen.

Das Mägdlein an dem Laden stund,
gar bitterlich tät sie weinen:
Ach Herr, ich habs im Schimpf geredt,
ich meint, ihr fündt hier keine.

Hast du's in einem Schimpf geredt,
gar schimpflich wöllen wirs wagen!
So bist du mein, und ich bin dein
und schlafen wir zusammen.

Es ist ein Schnee gefallen

Es ist ein Schnee ge - fal - len, wann es ist noch nit Zeit____; ich wollt zu mei-nem Buh-len gan, der Weg ist mir ver - schneit__. schneit.

Es gingen drei Gesellen
spazieren um das Haus;
das Maidlein was behende,
es lugt zum Laden aus.

Der ein der was ein Reiter,
der ander ein Edelmann,
der dritt ein stolzer Schreiber,
denselben wollt es han.

Er tät dem Maidlein kromen
von Seiden ein Haarschnur;
er gab demselben Maidlein:
Bind du dein Haar mit zu!

Ich will mein Haar nit binden,
ich will es hangen lan.
Ich will wohl diesen Sommer lang
fröhlich zum Tanze gan.

Drei Laub auf einer Linden

Drei Laub auf ei - ner Lin - den
blü - hen al - so wohl, ja wohl. Sie
tät viel tau - send Sprün - ge, ihr Herz war freu - den -
voll _____, ich gönn's dem Maid - lein wohl.

Sie hat ein'n roten Munde
und zwei Äuglein klar, ja klar,
auch ein'n schneeweißen Leibe,
dazu goldfarbnes Haar;
das zieret sie fürwahr.

Das Maidlein, das ich meine,
ist so hübsch und fein, ja fein;
wenn ich dasselb anblicke,
freut sich das Herze mein;
des eigen will ich sein.

Lieblich hat sich gesellet

Lieb - lich hat sich ge - sel - - - let mein
zu ein'r die mir ge - fäl - - - let, Gott

Herz in kur-zer Frist,
weiß wohl wer sie ist.

Sie lie - bet

mich ganz in - nig - lich, die Al - ler - lieb - ste

mein __ . Gott weiß wohl, wen ich mein __ .

Wohl für des Maien Blüte
hab ich sie auserkor'n;
sie erfreuet mein Gemüte,
meinen Dienst hab ich ihr geschworn.
Den will ich halten stetiglich
mit Willen ganz untertan,
dieweil ich das Leben han.

Ich gleich sie einem Engel
die Herzallerliebste mein.
Ihr Härlein krausgelb als ein Sprengel,
ihr Mündlein rot als ein Rubein.
Zwei blanke Ärmlein die sind schmal,
dazu ein roter Mund,
der lachet zu aller Stund.

Mit Venuspfeil durchschossen
das junge Herze mein.
Schöns Lieb, hab kein Verdrießen,
setz deinen Willen drein.
Gseg'n dich Gott, mein schönes Lieb!
Ich soll und muß von dir,
du siehst mich wieder schier.

Es taget vor dem Walde

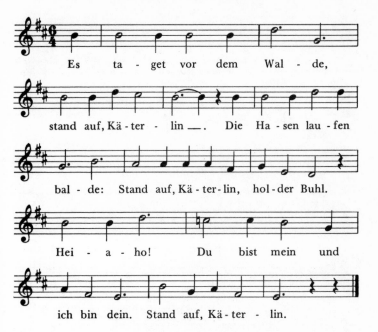

Es ta - get vor dem Wal - de,
stand auf, Kä - ter - lin —. Die Ha - sen lau - fen
bal - de: Stand auf, Kä - ter - lin, hol - der Buhl.
Hei - a - ho! Du bist mein und
ich bin dein. Stand auf, Kä - ter - lin.

Es taget in der Aue,
stand auf, Käterlin!
Schöns Lieb, laß dich anschauen.
Stand auf, Käterlin, holder Buhl.
Du bist mein und ich bin dein.
Stand auf, Käterlin.

Im Maien hört man die Hahnen krähen

Im Mai - en, im Mai - en hört man die Hah-nen
Freu dich, du schön's Bauernmädl, wir wolln den Ha-fer

krä - hen.
sä - en. Du bist mir lie - ber denn der Knecht, du

tust mir mei-ne Al - te recht. Pumb, Maidlein, pumb. Ich

freu mich dein ganz umb und umb, wo ich freund-lich

zu dir kumm, hin-ter dem O - fen und umb und umb. Freu

dich, du schö-nes Bau-ern-mädl: ich kumm, ich kumm, ich

kumm, ich kumm, ich kumm, ich kumm, ich kumm.

Es sind wohl zwölf Monat
im ganzen langen Jahre,
das sagen uns die Weisen
ganz und gar für wahre.
Ein jeder hat sein eigne Art.
Pumb, Maidlein, pumb.

Die welt die hat ain thummen mudt

Die welt die hat ain thum-men mudt, für war es
thut die leng kein gut. es fur ain pawr im
ma - yen, bracht seinem herren ain fu - der
holtz, seinr fra-wen ain kretzen mit ayren.

Der pawr woll uber den hoff ain fur;
die fraw woll an der zinnen stundt,
gar hoch an ainem laden:
solt ich mein zeit mit ewch vertreyben,
darumb geb ich mein roß und mein wagen.

Das frewlin het die redt vernumen,
sie hieß das peyrlein zu ir kumen
gar haimlich und gar stillen
zamen in ain kemerlein:
da gschach ir baider willen.

Und da ir baider wil geschach,
das peyrlein uber den hoff auß tradt;
es kundt sein kumer klagen:
ich sprich: wie aine als die anderen sey,
mich rewet mein roß und mein wagen.

Der herr woll uber den hoff ain raydt,
er hort das peyrlein groß geschray:
ach peyrlein, was ist dein klage,
das du sprichst, wie aine als die andernn sey
dich rew dein roß und dein wagen?

217

Das peyrlein het sich ain lugin erdacht:
ich han ain fuder stangen holtz bracht,
die seindt ain thayll zu krummen.
ich sprich: wie aine als die andernn sey,
sy seindt in den offen kummen.

Dar umb ist mir ewr frewlin als gramm,
das sy mir roß und wagen nam
so gar on all mein schulde.
ich bitt euch, edelere herren mein,
erwerbt mir ewr frawen hulde.

Der herr woll zu der frawen sprach:
Was zeichest du den armen man?
fürchst dir dar umb nit sinde?
gib im roß und wagen wider,
und laß in faren zu weib und kinde.

Das frewlin torst kain wider redt haben,
sy gab im wider roß und wagen,
sy forcht, sy wurde zu schande.
das peyrlein uber den hoff aus rait,
nach lust was im ergangen.

Noch ains des sycht auch dar an:
es beschiss ain pawr ain edel man,
dar zu sein schöne frawen.
ye seyder will kain edel man
kaim pawren nix me gelauben.

Was wolln wir aber heben an?

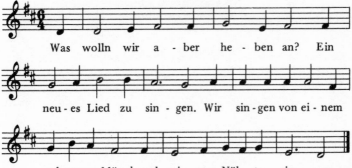

Was wolln wir a - ber he - ben an? Ein

neu - es Lied zu sin - gen. Wir sin - gen von ei - nem

schwarzen Mönch und sei - ner Näh - te - rin - nen.

Und da er zu der Nähterin kam,
gar schön ward er empfangen,
umfing ihm mit schneeweißem Arm,
so lagen sie beisammen.

Und da es kam zu Mitternacht,
da läutet man zur Metten:
Und wüßte das mein Herr, der Abt,
er würde mich selber aufwecken.

Und da er in den Kreuzgang kam,
begegnet ihm der Abte:
Bona dies, lieber schwarzer Mönch!
Wo hast du heut geschlafen?

Und wo ich heut geschlafen hab,
dafür darfst du nicht sorgen:
nebst einem feinen klaren Wein
beim Mägdlein unverborgen.

Und da er in das Chor eintrat
zu andern Mönchen allen,
ein Mönch wohl zu dem andern sprach:
Das Mönchlein wolln wir strafen.

Wie nun der Mönch die Red vernahm,
ließ er die Kutte fallen:
Die Nähterin soll mir lieber sein
als ihr, ihr Mönche alle!

Und er, der uns dies Liedlein sang,
er hat gar viel gesungen,
auch das. Es ist der schwarze Mönch
der Kutte nun entsprungen.

Nun schürz dich Gretlein

Nun schürz dich Gret-lein, schürz dich, du mußt mit
mir da - von! Das Korn ist ab - ge - schnit -ten, der
Wein ist ein - ge - ton _, der Wein ist ein-ge - ton.

Ach Hänslein, liebes Hänslein,
so laß mich bei dir sein,
die Wochen auf dem Felde,
die Feiertag bei dem Wein!

Da nahm er bei der Hände,
bei ihr schneeweißen Hand,
er führt sie an ein Ende,
da er ein Wirtshaus fand.

Nun Wirtin, liebe Wirtin,
schaut uns um kühlen Wein!
Die Kleider dieses Gretlein
müssen verschlemmet sein!

Die Gret hub an zu weinen,
der Unmut der war groß,
daß ihr die lichten Zäher
über ihr Wänglein floß.

Ach Hänslein, liebes Hänslein,
du redest nicht also,
da mich daheim ausführtest
aus meines Vaters Hof.

Er nahm sie bei der Hände,
bei ihr schneeweißen Hand,
er führt sie an ein Ende,
da er ein Bettlein fand.

Sie lagen beieinander
bis auf die dritte Stund:
Kehr dich, feins Gretlein, herumher,
beut mir dein roten Mund!

Wie soll ich mich hinkehren,
daß Ellend tut mir so weh,
und wär es nicht geschehen,
so geschäh es nimmermeh.

Ach Gretlein, liebes Gretlein,
nun laß dein Weinen sein:
Gehst du mit einem Kindlein klein,
ich will selbst der Vater sein.

Ja, ist es dann ein Knäbelein,
ein kleines Knäbelein,
so muß es lernen schießen,
die kleinen Waldvögelein.

Ist es dann ein Mägetlein,
ein kleines Mägetlein,
so muß es lernen nähen,
den Schlemmern ihr Hemmetlein.

Wer ist, der uns das Liedlein sang,
von neuem gesungen hat?
Das hat getan ein Schlemmer,
Gott geb ihm ein fein gut Jahr!

Ich weiß ein fein brauns Mägdelin

Ich weiß ein fein brauns Mäg - de -
lin, wollt Gott, sie wä - re mei - ne!
Sie müs - te mir von Ha - ber -
stroh wohl spin - nen brau - ne Sei - - den.

Und soll ich dir von Haberstroh
wohl spinnen braune Seiden,
so mustu mir von eichem Laub
zwei Purpurkleider schneiden.

Und soll ich denn von eichem Laub
zwei Purpurkleider schneiden,
so mustu mir die Schere holn
zu Cöln an dem Rheine.

Und soll ich dir die Schere holn
zu Cöln an dem Rheine,
so mustu mir die Sterne zählen,
die an dem Himmel scheinen.

Und soll ich dir die Sterne zählen,
die an dem Himmel scheinen,
so mustu mir ein Leiter bauen,
daß ich darauf kunnt steigen.

Mir ist ein schöns braun Maidelein

Mir ist ein schöns braun Mai - de - lein ge -
Wollt Gott, ich sollt heut bei ihr sein, mein

falln in mei - nen Sinn.
Trau - ren führ da - hin.
Kein Tag und Nacht hab

ich kein Ruh, das schafft ihr schön Ge - stalt. Weiß

nit, wie ich ihm für - baß tu, mein feins Lieb macht mich alt.

Dem Maidlein ich gern dienen wollt,
wenn ichs mit Fugen künnt.
Darumb hab ich der Neider viel,
das mir nit wird vergünnt.
Ich hoff, sie solls erfahren bald,
wie ichs so treulich mein;
auf Erd ich mir nichts wünschen wollt,
denn bei ihr sein allein.

Dem Maidlein ich mein Treu versprich,
zu Ehrn und anders nicht,
als was doch fromm und ehrlich ist
darnach ich mich stets richt.
Soll denn mein Treu verloren sein,
kränkt mir mein Sinn und Gmüt:
Ich hoff, sie solls erfahren schier.
Mein Sach soll werden gut.

Denn was die falschen Zungen tun
ist jetzund an dem Tag.
Ach du, mein feines Maidelein,
hör zu, was ich dir sag:
Halt dich mir stets in Ehrn allein,
wie ich dich herzlich mein,
so b'hältst du Gunst mit dieser Kunst,
das glaub mir, Maidlein rein.

Damit will ich dem Maidelein
gesungen haben frei
zu guter Nacht ein Liedelein,
alls Guts wünsch ich dabei;
damit daß sie gedenk an mich,
wenn ich nit bei ihr bin.
So bhüt dich Gott im Himmelreich:
Ade! Ich fahr dahin!

Ich weiß mir ein Maidlein hübsch und fein

Ich weiß mir ein Maid - lein hübsch und fein,
hüt du dich! Ich weiß mir ein Maid - lein
hübsch und fein, es kann wohl falsch und freundlich sein,
hüt du dich! hüt du dich, ver - trau ihr
nicht, sie nar - ret dich, sie nar - ret dich!

Sie hat zwei Äuglein, die sind braun.
Hüt du dich!
Sie hat zwei Äuglein, die sind braun,
sie säh dich nicht an durch ein Zaun.
Hüt du dich!
Hüt du dich, vertrau ihr nicht,
sie narret dich!

Sie hat ein gelb, goldfarbig Haar.
Hüt du dich!
Sie hat ein gelb, goldfarbig Haar
und was sie red't, das ist nicht wahr.
Hüt du dich, vertrau ihr nicht,
sie narret dich!

Sie hat zwei Brüstlein, die sind weiß.
Hüt du dich!
Sie hat zwei Brüstlein, die sind weiß,
sie legt's herfür mit allem Fleiß.
Hüt du dich!
Hüt du dich, vertrau ihr nicht,
sie narret dich!

Sie gibt dir ein Kränzlein wohlgemacht.
Hüt du dich!
Sie gibt dir ein Kränzlein wohlgemacht.
Für einen Narren wirst du geacht.
Hüt du dich!
Hüt du dich, vertrau ihr nicht,
sie narret dich!

Ich armes Maidlein klag mich sehr

Ich armes Maidlein klag mich sehr, wie soll mir nu geschehen!
Daß ich den Allerliebsten mein, so lang nit hab gesehen,
der mir die Zeit und Weil vertreibt, sonst keinr auf dieser Erden,
wann ich gedenk, wie es ihm geht, mein Herz in großen Trauren steht,
wie kann ich fröhlich werden.

Ach reicher Gott, gib mir das Glück:
Wo er reit in dem Lande
bewahr ihm seinen graden Leib
vor Leid und auch vor Schande!
Das will ich immer danken dir
allzeit und alle Stunde.
Wann ich gedenk, wie es ihm geht,
mein Herz in großen Trauren steht,
kein Lieber soll mir werden.

Er zog mit meinen Willen nit hin,
doch war sein Herz mein eigen;
viel Guts ich mich zu ihm versich,
treu Dienst will ich ihm erzeigen.
Kein Falsch hat er an mir erkannt
an meinem ganzen Leibe;
noch ist der Knab so wohlgemut,
für ihn nähm ich nit Kaisers Gut:
Vergiß mein nit in Treuen!

Hätt mir ein Espenzweigelein

Hätt mir ein Es-pen-zwei-ge-lein ge-
bo-gen zu_____ der Er-den. Den
lieb-sten Buh-len den ich hab_____, der
ist mir lei-der all-zu fer-re.

Er ist mir doch zu ferre nicht,
bei ihm hab ich geschlafen;
von rotem Gold ein Fingerlein
hab ich in seinem Bett gelassen.

Und da ichs doch gelassen hab,
will ichs wieder bekommen
und tun, ob ich solchs bei mir hätt
und wär mir keinmal genommen.

Ja zwischen Berg und tiefe Tal
da geht ein enge Straße:
Wer seinen Buhlen nit haben will,
der soll ihn allzeit fahren lassen.

Scheid dich nicht, herzes Dockelein,
von dir will ich nit weichen;
hab keinen Andern lieber denn mich!
Im Reich findt man gar nicht deins Gleichen.

Es steht ein Lind in jenem Tal

Es steht ein Lind in je - nem Tal, ach
Gott, was tut sie da? Sie
will mir hel - fen trau - ren, trau - - -
ren, daß ich so gar kein Buh - len hab.

So traur, du feines Lindelein,
und traur das Jahr allein!
Hat mir ein brauns Maidlein verheißen,
sie wöll mein eigen sein.

Ich kam wohl in ein Gärtelein,
darinnen ich entschlief;
mir träumet also süße
wie mein feins Lieb gegen mir lief.

Sie tät mich freundlich umfangen,
sie gab mir viel der Freud;
nach ihr steht mein Verlangen,
ich wünsch ihr viel der guten Zeit.

Und da ich auferwachet,
da war es alles nicht:
Denn nur die lichten Röselein,
die reisten her auf mich.

So reis, so reis, feins Röselein,
so laß dein Reisen sein.
Hat mir ein feins Maidlein verheißen,
sie wöll mein eigen sein.

Da brach ich mir der Blättlein ab
als viel als ich ihr fand,
und gabs der Allerliebsten mein
in ihr schneeweißen Hand.

Da macht sie mir ein Kränzlein draus
und setzet mirs auf mein Haar;
das Kränzlein tät mich erfreuen
viel länger denn ein Jahr.

Und da das Jahr herumher war,
das Kränzlein mir verdarb:
Was fraget ich nach dem Kränzelein,
da ich mein feins Lieb erwarb?

Das Liedlein sei gesungen,
der Liebsten zu Dienst gemacht.
Ich wünsch ihr viel Freud und Wunne
und auch viel guter Nacht.

De morgensterne hefft sick upgedrungen

De morgensterne hefft sick upgedrungen,
gar schön hebben uns de kleinen waltvögelin gesungen
wol aver berg unde depe dal,
van fröuwden singet uns de leve nachtegal.

Van fröuwden singet uns de wechter an der tinnen
weckt up den helt mit sachten sinnen:
waek up, waek up, it is wol an der tit!
und beschütt der junkfrouwen er ere, dem helt sin junge lif.

Frouw nachtegal was möde, se let aff van erem singen,
dat megtlin dat was junk, se sach den hellen dach her dringen:
waek up, fins lef! wi sint in groter not;
ervör dat min vader und moder, vel lever so wer wi dot.

Nu schwich stille, megtlin, van dinem truren!
ick wil mi schwingen aver de hogen müren;
du hefft mi mot, hert und sinne benamen,
unde wenn de leve got wil, so werde ick wedder kamen.

Dat megdelin stunt an hoger tinnen
unde dachte wo se den helt darvan möcht bringen,
ein schnewitt beddelaken se toret,
darmit se den helt aver te müren let.

Nu var darhen, fins lef, dat di god behöde!
du makest mi scheident also möde,
du heffst min junge herte ut fröwden in trurent gebracht,
dat ick van di mot scheiden, adde to vel dusent guder nacht!

De uns dit letlin hebben gesungen,
dat hebben gedan twe kramerjungen,
se hebben it ganz wol bedacht
unde wünschen allen junkfrouwen vel dusent guder nacht.

Mein Gmüt ist mir verwirret

Mein Gmüt ist mir ver - wir - ret, das macht
Bin ganz und gar ver - wir - ret, mein Herz

1. ein Jung - frau zart; —
2. das kränkt sich — hart.

Hab Tag und Nacht kein Ruh, führ all - zeit gro - ße Klag, tu stets
seuf-zen und wei - nen, in Trau - ren schier ver - zag.

Ach, daß sie mich tät fragen,
was doch die Ursach sei,
warum ich führ solch Klagen
ich wollt ihr's sagen frei,
daß sie allein die ist,
die mich so sehr verwundt:
Könnt ich ihr Herz erweichen,
würd ich bald wieder gsund.

Reichlich ist sie gezieret
mit schön'n Tugend ohn Ziel;
höflich wie sich gebühret,
ihres Gleichen ist nicht viel.
Für andern Jungfraun zart
führt sie allzeit den Preis;
wann ichs anschau, vermeine
ich sei im Paradeis.

Ich kann nicht genug erzählen
ihr Schön und Tugend viel;
für Alle wollt ichs erwählen,
wär es nur auch ihr Will,
daß sie ihr Herz und Lieb
gegn mir wendet allzeit,
so würd mein Schmerz und Klagen
verkehrt in große Freud.

Aber ich muß aufgeben
und allzeit traurig sein,
sollt mir gleich kosten's Leben:
Das ist mein größte Pein,
denn ich bin ihr zu schlecht,
darum sie mein nicht acht.
Gott wölls für Leid bewahren
durch sein göttliche Macht!

Nun fall du Reif, du kalter Schnee

Nun fall du Reif, du kal - ter Schnee, fall
mir auf mei-nen Fuß. Das Mägd-lein ist nicht ü - ber
hun - dert Meil, und das mir wer-den muß.

Ich kam für Liebes Kämmerlein,
ich meint, ich wär allein,
da kam die Herzallerliebste mein
wohl zu der Tür herein.

Gott grüß dich, mein feines Lieb!
Wie steht unser beider Sach?
Ich seh's an dein' braun Äuglein wohl,
du trägst groß Ungemach!

Die Sonnen ist verblichen,
ist nimmer klar als vor:
Es ist noch nit ein halbes Jahr,
da ich dich erst lieb gewann.

Was soll mir denn mein feines Lieb,
wenn sie nit tanzen kann?
Führ ich sie zu dem Tanze,
so spott mein Jedermann.

Wer mir will helfen trauren,
der recke zween Finger auf!
Ich sehe viel Finger und wenig trauren:
Ade! ich fahr dahin,
daß ich so elend bin!

Gut Gsell und du mußt wandern

Gut Gsell und du mußt wan - dern, das
Mägd-lein liebt ein an - dern: die ich ge-lie-bet
hab_____, bei der bin ich schab - ab.
Kann dir's nicht gnug-sam kla - gen mein
Schmerz, E-lend und Pein; je - doch ich hoff, es
wird sich noch an ihr selbst rä - chen fein.

Reut mich allein mein junges Blut,
welches nach ihr verlangen tut,
daß ich von ihr sollt sein,
Unglück kommt gar darein;
so muß ich doch bekennen
und sollt ich sterben heunt:
's ist gewißlich wahr, sags ganz und gar,
so bin ich doch nit feind.

So reut mich noch das Mägdelein,
dieweil es so zart und fein,
daß sie ihr junge Tag
verzehren soll in Klag
mit einem alten Mann,
da keine Freud ist an,
nur sauer sicht und stetig kriegt,
das Jahr nur einmal lacht.

Also muß ich mich scheiden hin,
wenn ich gleich jetzund traurig bin;
nach trübseliger Zeit
kommt gerne wieder Freud.
Wenn Gott der Herr läßt scheinen
sein lieben Sonnenschein
im grünen Wald, alsdann kommt bald
wiederumb Freud und Wonne.

Mit Lieb bin ich umfangen

Mit Lieb bin ich um - fan - gen, Herz -
nach dir steht mein Ver - lan - gen, möcht

al - ler - lieb - ste mein;
im - mer bei dir sein.
Könnt ich dein Gunst er -

wer - ben, käm ich aus gro - ßer

Not; sonst wollt ich lie - ber

ster - ben und wünscht mir selbst den Tod.

Herzlieb, gedenk an die Treue,
die du mir verheißen hast!
Und laß dichs nit gereuen
stetigs ohn Unterlaß.
Dein Treu hast mir versprochen
in rechter Stetigkeit;
es bleibt seltn ungerochen.
Feinslieb, nit von mir scheid!

Wie soll ich von dir lassen?
Es kost mir meinen Leib;
darzu bringt mich ohn Maßen,
daß ich nit von dir scheid.
Dir hab ich mich ergeben,
Herzallerliebste mein,
dieweil ich hab das Leben:
Mein Schatz, vergiß nicht mein!

Junger Gsell, laß doch dein Werben,
du erlangest meiner nicht!
Wöllest du gleich darum sterben,
es ist vergebens gewiß.
Du hast mich lieb im Herzen?
Da weiß ich wenig nur;
fürwahr, es ist kein Scherzen:
Laß ab, es ist umsonst!

Die Fisch im Wasser wohnen

Die Fisch im Was-ser woh - nen, das Gwild wohl
So hal - ten sie zu - sam - men die Men-schen

in dem Wald. da - mit sie tun sich meh-ren, gar
jung und alt;

viel und man-nig - falt, da - mit sie tun sich

meh - ren gar viel und man-nig - falt.

Beid Jung und Jung zum scherzen
gehört allzeit zusamm;
in ihrer beiden Herzen
brennen die Liebesflamm'n,
doch daß soliches Alles
gescheh in Gottes Nam'n.

Das Jung und auch das Alte
sich ihm nit reimen wolt:
Das Alt ist ungestalte,
das Jung ist freudenvoll:
Darum auch seines Gleichen
ein Jeder nehmen soll.

Zwei rosinfarben Mündelein,
vier Äuglein hell und klar,
auch zwei liebhabend Herzelein,
goldfarbes krauses Haar,
gehörn allzeit zusammen,
sag ich stetigs fürwahr.

Die Händlein weiß wie Kreiden,
der Hals wie Helfenbein,
der ganze Leib wie Seiden,
zwei braune Äugelein,
ja also wohlformiret,
schön runde Brüstelein.

Fromm, freundlich und auch ehrlich:
Darzu ganz tugendsam,
sag ich ganz ungefährlich,
das ist ein guter Nam,
und tut ein Jungfrau zieren
gar hoch und wundersam.

Solch Tugend hoch ob allen
an euch, Jungfräuelein,
tut mir so wohlgefallen,
ach herzigs Herzelein,
seid wohlbekannt, doch unbenannt:
Laßt mich euer Diener sein!

Sie gleicht wohl einem Rosenstock

Sie gleicht wohl ei-nem Ro-sen-stock, drum
sie trägt wohl ei-nen ro-ten Rock, kann

liegt sie mir im Her - - -zen, Sie
züch-tig, freund-lich scher - - -zen.

blü-het als— ein Rö-se-lein, die Wäng-lein wie das

Mün-de-lein. Liebst du mich, so lieb ich dich,

Rös-lein auf der Hei - - -den.

Das Röslein, das mir werden muß,
das Röslein auf der Heiden,
das hat mir treten auf den Fuß
und geschah mir doch nicht leide.
Sie g'liebet mir im Herzen wohl,
in Ehren ich sie lieben soll.
Gibt Gott Glück, geht's nicht zurück,
Röslein auf der Heiden.

Beut her mir deinen roten Mund,
du Röslein auf der Heiden!
Ein Kuß gib mir aus Herzensgrund,
so steht mein Herz in Freuden.
Behüt dich Gott zu jeder Zeit,
all' Stund' und wie es sich begeit.
Küß du mich, so küß ich dich,
Röslein auf der Heiden.

Wer ist, der uns dies Liedlein macht
vom Röslein auf der Heiden?
Das hat getan ein junger Knab',
als er wollt von ihr scheiden.
Zu hunderttausend guter Nacht,
hat er das Liedlein wohl gemacht;
b'hüt sie Gott ohn' allen Spott,
Röslein auf der Heiden.

Du mein einzig Licht

Du mein ein - zig Licht, die Lilj' und
Ros' hat nicht, was an Farb und Schein dir möcht
ähn - lich sein, nur daß dein stol - zer
Mut der Schön-heit Un - recht tut. Nur daß dein
stol - zer Mut der Schön-heit Un - recht tut.

Meine Heimat du,
von solcher Lust und Ruh,
ist der Himmel gar
wie die Erde bar.
Nur daß dein strenges Wort
mich wehrt vom süßen Port.

Es flog ein kleins Waldvögelein

Es flog ein kleins Wald - vö - ge -lein, der
klopft an mit sei - nem Schnä - be - lein, gar

Lieb-sten vor die Tür,
still mit al - ler Zier:
Ich bin so weit ge -

flo - gen in Kummer und Sor-gen groß, doch still und

ganz ver - bor - gen der Lieb-sten in ihrn Schoß.

So grüß dich Gott im Herzen,
du schöns Waldvögelein!
Vertreibst mir viel der Schmerzen,
daß du bei mir kehrst ein:
Bist du so weit geflogen
in Kummer und großer Gefahr:
Dir bleib ich g'neigt und g'wogen
mit großer Liebe gar!

Bin ich geflogen über Berg und Tal
doch mit sehr großer Müh:
Und such mein Lieb ganz überall,
trag Sorg, sie sei nicht hie.
Herzlieb! bist du vorhanden,
tröst mich Waldvögelein,
in dein schneeweiße Hände
schleuß du, Herzlieb, mich ein!

Wie soll ich dich denn trösten,
du schöns Waldvögelein?
Ist mir das allergrößte,
daß es jetzt nicht kann sein.
Dir will ich mich ergeben,
hab dir mein Treu zum Pfand,
solang ich hab das Leben,
drauf biet ich dir die Hand!

Jungfrau, wollt ihr mich kennen?
Ich heiß der Pelican:
Der sein Herz tut auftrennen,
sein Blut daraus tut lan.
Ich will mich unterwinden
für dich selber, mein Herz!
Mit großer Lieb verbinden,
sag ich ohn allen Scherz!

Dieweil du dich tust nennen
und heißt der Pelican,
dabei sollst du erkennen,
von dir will ich nicht lan.
Dieweil du dich tust setzen
in Kummer und große Gefahr,
dessen will ich dich ergetzen,
soll währen immerdar!

Ein Vogel in Arabia,
Phönix wird er genannt:
Darumb, du schöne Amasia!
Mit ihm wurdest du verbrannt;
darumb mein Leib und Leben
das will ich bei dir lan,
so du mir würdest geben,
mein Treu wird bei dir stahn!

Wo tust du nun hindenken,
du schöns Waldvögelein?
Laß dich doch nur nicht kränken,
dein eigen will ich sein!
Mein Treu will ich dir halten,
wie du begehrst an mich,
in solcher Maß und Gestalten
begehr ich auch an dich!

Der Adler und die Königin
haben mit mir ein Streit.
Und hassen mich Waldvögelein,
dieweil ich flieg so weit.
Ich flieg der Lieb zu Ehren,
weil ich das Leben hab.
Das soll mir Niemand wehren:
Ade! ich flieg davon.

Dieweil du dich tust schwingen
über die breite Heid,
Glück kann dich wieder bringen.
Behüt dich Gott für Leid!
Wenn du tust wiederkehren,
das bringt die liebe Zeit,
kehr dich bald wieder here,
Herzlieb! fleuch nicht zu weit.

Wer ist, der uns dies Liedlein sang
von neuem hat gemacht?
Das hat gemacht der Pelican
der Lieb zu guter Nacht.
Er hats so wohl gesungen
aus frischem freiem Mut,
hat auch dabei vernommen,
wie weh das Scheiden tut.

Ei, du feiner Reiter

Ei, du fei-ner Rei-ter, du ed-ler Her-re mein,
Sa-ge mir, wo hast du die Woh-nun-ge dein?

Dort an je-nem Was-ser im frei-en Feld, da
hab ich mei-ne Woh-nung auf-ge-stellt. Im

grü-nen Wald, sehr wohl-ge-stalt, da sin-gen die

Vög-lein jung und alt. Laub und Gras ist

mein Ge-spaß, du wak-ker Mäg-de-lein.

Ei, du feiner Reiter, edler Herre mein,
sage mir, wie sollen wir kommen dahin?
Ich habe noch ein braunes, wunderschönes Pferd,
das ist allzeit zweihundert Taler wert,
darauf sitz ich, du hinter mich,
daß du nicht fällst, so bind ich dich;
Gott mit uns! das Pferd trägt uns,
du wackres Mägdelein!

Ei, du feiner Reiter, edler Herre mein!
Sehr wohl gefällt mir die Wohnunge dein,
du hast deine Reise sehr wohl angestellt,
ich ziehe mit dir wohl durch die ganze Welt.
So gib mir Hand und Mund darauf,
bedenk dich bald und sitz mit auf!
Ich ziehe fort an jenen Ort,
du wackres Mägdelein!

Ei, du feiner Reiter, edler Herre mein!
Sag mir, was wird doch unser Essen sein?
Was Gott beschert und das ist seine Gab,
ich teile mit dir alles, was ich immer hab,
im grünen Wald da sind viel Tier,
im Keller findt man Wein und Bier,
für Hungers Not Käs und Brot,
du wackres Mägdelein!

Ei, du feiner Reiter, edler Herre mein,
sage mir, wo wird unser Nachtlager sein?
Auf der grünen Heiden, unter einem Baum,
daran häng ich den Sattel und den Zaum,
den Mantel spreit ich unter mich,
darauf, feins Mägdlein, leg ich dich,
decke dich zu mit Rock und Schuh,
du wackres Mägdelein!

Ei, du feiner Reiter, edler Herre mein!
Ich wollte, daß ich wäre, da ich gewesen bin.
Gefällt dirs nicht, so setz dich in einen Kahn,
auf diesem Wasser will ich dich fahren lan;
da setz dich ein mit allem Braß',
deck dich zu und werde nicht naß!
Damit fahr hin aus meinem Sinn,
du wackres Mägdelein!

Wo find ich dann deins Vaters Haus

Wo find ich dann deins va - ters haus?

säu - ber - li - ches mägd- lein? geh das gäss - lein

aus und aus, so fin - dest du meins

va - ters haus. Schweig still, schweig still, schweig

still und laß dein fra - gen sein.

So bellet dann das hündlein dein,
säuberliches mägdlein!
Ruf den wächter leise ein,
so läßt der hund das bellen sein.
Schweig still, und laß dein fragen sein.

So knarret dann das türlein dein,
säuberliches mägdlein!
Nimm den haspen in die hand,
so gwinnt die tür ein leisen gang.
Schweig still, und laß dein fragen sein!

So schimmert dann das feuer dein,
säuberliches mägdlein!
Geuß ein wenig wasser drein,
so läßt das feur das schimmern sein.
Schweig still, und laß dein fragen sein!

251

Wo find ich dann dein kämmerlein,
säuberliches mägdlein?
Bei der küchen an der wand,
halt dich nur auf die rechte hand.
Schweig still, und laß dein fragen sein!

Wo leg ich hin mein hembdelein,
säuberliches mägdlein?
Weistus nit, so nimmt michs wunder,
heb auf das bett und kreuch darunter!
Schweig still, und laß dein fragen sein.

Wie soll ich auf den morgen tun,
säuberliches mägdlein?
Zieh dich an und geh davon,
so soltu auf den morgen tun!
Schweig still, und laß dein fragen sein.

Der Wächter auf dem Turme saß

Der Wäch-ter auf dem Tur-me saß, sein
Hörnlein tat er bla - sen: Wer noch bei sei - nem
Schätzlein liegt, der steh nur auf und mach sich fort, der
Tag fängt an zu strah - len, zu ma - len.

Das Mädchen aus dem Bette sprang,
den Tag wollt sie anschauen:
Bleib liegen nur, herztausender Schatz,
es ist fürwahr noch lang nicht Tag,
der Wächter hat uns belogen,
betrogen!

Das Mägdlein früh zum Brunnen ging,
frisch Wasser wollt sie holen,
da begegnet ihr derselbige Knab,
der Nachts bei ihr geschlafen hat,
und bot ihr ein guten Morgen,
verborgen.

Guten Morgen, guten Morgen, herztausender Schatz,
wie hast du heint geschlafen?
Ich hab geschlafen in deinem Arm,
ich hab geschlafen, daß Gott erbarm!
Mein Ehr hab ich verschlafen,
verschlafen!

Wenn du dein Ehr verschlafen hast,
so laß dichs nicht gereuen!
Ich bin fürwahr derselbige Knab,
der auch noch Geld und Güter hat:
Dein Ehr will ich dir bezahlen,
ja zahlen!

Mein Ehre, die bezahlst du nicht,
du bist ein loser Schelme.
Wenn Feur und Stroh beisammen leit,
und wenn auch Schnee dazwischen schneit,
so muß es doch endlich brennen,
ja brennen!

Es blies ein Jäger

Es blies ein Jä-ger wohl in sein Horn ___, wohl in sein ___ Horn, und al-les, was er blies, das ___ war ver-lorn ___, das war ver-lorn. Ha-li-a hus-sa-sa ti-ral-la-la, und al-les, was er blies, das ___ war ver-lorn.

Soll denn mein Blasen verloren sein?
Viel lieber will ich kein Jäger sein.

Er zog sein Netz wohl über den Strauch,
da sprang ein schwarzbraunes Mädel heraus.

Ach schwarzbraunes Mädel, entspring mir nicht!
Ich habe große Hunde, die holen dich.

Deine großen Hunde, die holen mich nicht.
Sie wissen meine hohen weiten Sprünge nicht.

Deine hohen weiten Sprünge, die wissen sie wohl,
sie wissen, daß du heut noch sterben sollst.

Und sterb ich heut, bin ich morgen tot,
begräbt man mich unter Rosen rot.

Er warf ihr's Netz wohl um den Fuß,
auf daß die Jungfrau fallen muß.

Er warf ihr's Netz wohl um den Arm,
da war sie gefangen, daß Gott erbarm.

Er warf ihr's Netz wohl um den Leib,
da ward sie des jungfrischen Jägers Weib.

Es wollt ein Jägerlein jagen

Es wollt ein Jä - ger - lein ja - gen drei -
vier - tel Stun - de vor Ta - ge wohl in dem
grü - nen Wald, ja Wald, wohl in dem grü - - nen
Wald. Hal - lo ___ , hal - lo ___ , hal -
lo ___ , hal - lo ___ , im grü - nen, grü - nen Wald.

Da traf er auf der Heide
sein Lieb im weißen Kleide;
sie war so wunderschön.

Sie täten sich umfangen,
und Lerch und Amsel sangen
vor lauter Lieb und Lust.

Sie tät dem Jäger sagen:
Ich möcht ein Kränzlein tragen
auf meinem blonden Haar.

Will zum Altar dich führen,
dich soll ein Kränzlein zieren
und dann ein Häubchen fein!

Es dunkelt schon in der Heide

Es dun-kelt schon in ___ der Hei -de, nach
Hau - se laßt uns gehn. Wir ha-ben das Korn ge-
schnit - ten mit un - serm blan - ken Schwert.

Ich hörte die Sichel rauschen,
wohl rauschen durch das Korn.
Ich hört mein Feinslieb klagen,
sie hätte ihr Lieb verloren.

Hast du dein Lieb verloren,
so hab ich noch das mein,
So wollen wir beide mitnander
uns winden ein Kränzelein.

Ein Kränzelein von Rosen,
ein Sträußelein von Klee.
Zu Frankfurt auf der Brücke
da liegt ein tiefer Schnee.

Der Schnee, der ist zerschmolzen,
das Wasser läuft dahin.
Kommst du mir aus den Augen,
kommst mir nicht aus dem Sinn.

In meines Vaters Garten,
da stehn zwei Bäumelein.
Das eine trägt Muskaten,
das andere Braunnägelein.

Muskaten, die sind süße,
Braunnägelein sind schön.
Wir beide, wir müssen uns scheiden,
ja scheiden, das tut weh.

Kein Feuer, keine Kohle

Kein Feu - er, kei - ne Koh - le kann bren - nen so heiß, als heim - li - che Lie - be, von der nie - mand nichts weiß_____ , von der nie - mand nichts weiß.

Keine Rose, keine Nelke
kann blühen so schön,
als wenn zwei verliebte Seelen
beieinander tun stehn.

Setze du mir einen Spiegel
ins Herze hinein,
damit du kannst sehen,
wie so treu ich es mein.

Es steht ein Lind in jenem Tal

Es steht ein Lind in je - nem Tal, ist o - ben breit und

un - ten schmal, ist o - ben breit und un - ten schmal.

Feinslieb, wir müssen voneinander,
ich muß noch sieben Jahr wandern.

Mußt du noch sieben Jahr wandern,
so heirat ich doch keinen andern.

Sie ging wohl in den Garten,
ihr Feinslieb zu erwarten.

Gott grüß dich, du Hübsche, du Feine,
was machst du hier alleine?

Heut sind sechs Wochen über sieben Jahr,
daß mein Feinslieb gewandert war.

Gestern bin ich geritten durch eine Stadt,
da dein Feinslieb Hochzeit gehabt.

Ich wünsch ihm alles Beste,
soviel der Baum hat Äste.

Ich wünsch ihm so viel gute Zeit,
so viel als Stern am Himmel sein.

Ich wünsch ihm soviel Glück und Segen,
als Tröpfchen von dem Himmel regnen.

Was zog er von dem Finger sein?
Einen Ring von rotem Golde fein.

Was zog er aus der Taschen?
Ein Tuch, schneeweiß gewaschen.

Trockne ab, trockne ab dein Äugelein,
du sollst fürwahr mein eigen sein.

Es leuchten zwei Sternen

Es leuch-ten zwei Ster-nen am Him - - mel, so — hell als wie — der Mon - den - schein. Der ei - - ne leucht auf mein — Schlaf - zim - mer, der — an - dre auf — mein Schät - ze - lein.

Spielt, spielt auf ihr Musikanten,
spielt auf, spielt auf mit eurem Spiel,
spielt auf mit Flöten und mit Geigen
und wie mein Schatz es haben will.

Es saßen zwei Vöglein im Walde,
mit Lust sie sangen ein frohes Lied,
der eine sang von meiner Treuen,
der andre sang von mein' Herzlieb.

Schlaf wohl, du mein feines Herzliebchen,
schlaf wohl, schlaf wohl in kühler Nacht.
Und muß ich dir auch ferne bleiben,
so hab' ich doch an dich gedacht.

Vor meines Herzliebchens Fenster

Vor mei - nes Herz - lieb - chens Fen - ster,
da ist ein kla - rer Sprung; hätt
ich dar - aus ein Trün - ke - lein, ein Trün - ke - lein,
dann wür - de mein Herz ge - sund —!

Als sie daraus getrunken hat,
da war ihr Herz gesund;
so will ich mit meinem Herzliebsten
in einen Baumgarten gehn.

Baumgarten ist zugeschlossen,
da kommt Niemand hinein,
als nur die schöne Brunn-Nachtigall,
die fliegt sich von oben herein.

Die Nachtigall wollen wir fangen
und kürzen ihr den Flug,
die Federn abzuschneiden,
die sind ja noch lang genug.

Ade, mein Allerherzliebchen,
jetzt zieh ich nach Engeland,
nach Engeland will ich fahren
und lassen dich, Mädchen, hier!

Dann schreib ich dir ein Brieflein,
dazu ein Kränzelein,
das Kränzlein ist gut zum Riechen,
ein Mädchen gut schlafen bei.

Hätt ich fünfhundert Gulden
in meiner Kisten stehn,
sie täten wohl nach mir fragen,
die jetzt noch lans mir gehn.

Hab ich der Gulden keine,
so hab ich doch frischen Mut;
so trag ich ein gülden Ringlein,
ein Feder auf meinem Hut.

Ich hab die Nacht geträumet

Ich hab die Nacht ge-träu-met wohl ei - nen schweren Traum, es wuchs in mei - nem Gar - ten ein Ros - ma - ri - en - baum.

Ein Kirchhof war der Garten,
ein Blumenbeet das Grab,
und von dem grünen Baume
fiel Kron und Blüte ab.

Die Blätter tät ich sammeln
in einen goldnen Krug,
der fiel mir aus den Händen,
daß er in Stücken schlug.

Draus sah ich Perlen rinnen
und Tröpflein rosenrot:
Was mag der Traum bedeuten?
Ach Liebster, bist du tot?

Schwesterlein, wann gehn wir nach Haus?

Schwe-ster-lein, Schwe-ster-lein, wann gehn wir nach Haus? Früh, wenn die Häh - ne krähn, wolln wir nach Hau - se gehn, Brü - der-lein, Brü - der-lein, dann gehn wir nach Haus.

Schwesterlein, Schwesterlein, wann gehn wir nach Haus? —
Früh, wenn der Tag anbricht,
eh' end't die Freude nicht,
Brüderlein, Brüderlein, der fröhliche Braus.

Schwesterlein, Schwesterlein, wohl ist es nun Zeit! —
Mein Liebster tanzt mit mir,
geh ich, tanzt er mit ihr,
Brüderlein, Brüderlein, laß du mich heut!

Schwesterlein, Schwesterlein, du bist ja so blaß? —
Das ist der Morgenschein
auf meinen Wängelein,
Brüderlein, Brüderlein, die vom Taue naß.

Schwesterlein, Schwesterlein, du wankest so matt! —
Suche die Kammertür,
suche mein Bettlein mir!
Brüderlein, es wird fein unterm Rasen sein.

Ach, Blümlein blau, verdorre nicht!

Ach, Blüm - lein blau, ver - dor - re nicht! du
stehst auf grü - ner Hei - den. Du bist ein - mal mein
Schatz ge - west, Schatz ge - west,
Schatz ge - west, jetzt a - ber muß ich dich mei - den.

Den Ring und den ich hab von dir,
den trag ich an dem Finger:
Du bist einmal mein Schatz gewest,
jetzunder aber nimmer.

Den Gürtel, den ich hab von dir,
den trag ich um die Lenden:
Du bist einmal mein Schatz gewest,
nun aber hats ein Ende.

Verstohlen geht der Mond auf

Ver - stoh - len geht der Mond auf, blau, blau Blü - me - lein, durch Sil - ber - wölk - chen geht sein Lauf. Ro - sen im Tal, Mä - del im Saal, o schön - ste Ro - sa.

Er steigt die blaue Luft hindurch,
blau, blau Blümelein,
bis daß er schaut auf Löwenburg.
Rosen im Tal,
Mädel im Saal,
o schönste Rosa.

O schaue Mond durchs Fensterlein,
blau, blau Blümelein,
schön Trude lock mit deinem Schein!
Rosen im Tal,
Mädel im Saal,
o schönste Rosa.

Und siehst du mich und siehst du sie,
blau, blau Blümelein,
zwei treu're Herzen sahst du nie.
Rosen im Tal,
Mädel im Saal,
o schönste Rosa.

268

Feinsliebchen, du sollst mir nicht barfuß gehn

Feins - lieb - chen, du sollst mir nicht bar - fuß gehn, du zer - trittst dir die zar - ten Füß - lein schön, Tra-la - la - la, tra - la - la - la! du zer - trittst dir die zar - ten Füß - lein schön.

Wie sollte ich denn nicht barfuß gehn,
hab keine Schuh ja anzuziehn.

Feinsliebchen, willst du mein eigen sein,
so kaufe ich dir ein Paar Schühlein fein.

Wie könnte ich denn Euer eigen sein,
ich bin ein armes Mägdelein.

Und bist du auch arm, so nehm ich dich doch,
du hast ja die Ehr und die Treue noch.

Die Ehr und die Treue mir keiner nahm,
ich bin, wie ich von der Mutter kam.

Was zog er aus seiner Taschen fein?
Von lauter Gold ein Ringelein.

Es steht eine Lind in jenem Tal

Es steht ei - ne Lind in ___ je - nem Tal, im
Gro - -ne, ist o - ben breit und ___
un - ten schmal, im Gro - ne, drauf sitzt ei - ne
Nach - ti - gall, die singt von den e - de - li - gen
Ro - sen im Gro - - ne, gar hübsch und scho - ne.

Frau Nachtigall, kleins Vögelein, im Grone —
willst du heut' Nacht mein Bote sein, im Grone —
bring meinem Lieb ein Brieflein
und sing von den Rosen im Grone,
gar hübsch und schone.

Sie nahm den Brief in ihren Mund, im Grone —
flog damit über Berg und Grund, im Grone —
bis sie vor Liebchens Fenster stund
und sung von den Rosen im Grone,
gar hübsch und schone.

Am Fenster schallte ihr Gesang, im Grone —
bis daß es aus dem Bette sprang, im Grone —
gab der Maid gleich die Botschaft dann
und sang von den Rosen im Grone,
gar hübsch und schone.

O du schöner Rosengarten

O du schö - ner Ro - sen - gar - ten, o du
schö - ner Lo - rien - strauß, bist mir stets in mei - nem
Her - zen, kommst mir nim - mer - mehr her - aus.

Vater und Mutter wollen's nit leiden,
gelt mein Schatz, das weißt du wohl;
sag mir die gewissene Stunde,
wo ich zu dir kommen soll.

O du schöner Rosengarten,
o du schöner Himmelsthron!
Ei, wie lang muß ich noch warten?
Hätt ich dich nur wirklich schon.

Wohl heute noch und morgen

Wohl heu - te noch und mor - gen, da
bin ich noch bei dir, wenn a - ber kommt der
drit - te Tag, dann __ muß ich fort von hier.

Wann kommst du aber wieder, Herzallerliebster mein?
Wenns schneiet rote Rosen und regnet kühlen Wein.

Es schneiet keine Rosen, es regnet keinen Wein.
So kommst du auch nicht wieder, Herzallerliebster mein.

In meines Vaters Garten, da legt ich mich nieder und schlief.
Da träumte mir ein Träumelein, wies regnet über mich.

Der Knabe kehrt zurücke, geht zu dem Garten ein,
trägt einen Kranz von Rosen und einen Becher Wein.

Hat mit dem Fuß gestoßen wohl an das Hügelein.
Er fiel — da schneit es Rosen, da regnets kühlen Wein.

Ich wünscht, es wäre Nacht

Ich wünscht, es wä - re Nacht, mein
Bett - chen wär ge - macht,
wollt ich zu mei'm Schätz - chen gehn,
woll - te vor dem Fen - ster stehn,
bis sie mir auf - macht.

Wer ist denn dafür?
Wer klopft an der Tür? —
Schönster Schatz, ich steh allhier,
ich komm aus Lieb zu dir:
Mach mir auf die Tür!

Die Tür ist schon zu,
es schläft Alles in Ruh;
und du weißt, daß man bei Nacht
niemand die Tür aufmacht;
komm morgen früh!

Morgen früh hab ich kein Zeit,
da sehn mich alle Leut.
Hättest du mir diese Nacht,
deine Tür wohl aufgemacht,
hätt es mich erfreut.

Schönes Geld und schönes Gut,
schöne Mädchen gibts genug.
Ließest du mich heut nicht ein,
mag ich auch dein Schatz nicht sein,
komm nicht mehr zu dir.

Jetzund bricht die Nacht herein

Jetz - und bricht die Nacht her - ein, daß
al - le Leut - chen schla - fen ein, daß
al - le Leut - chen gehn zur Ruh und
schlie - ßen ih - - - re Äug - lein zu.

Heint will ich nicht schlafen gehn,
will erst zu meinem Schätzchen gehn,
will gehn an ihr Schlafkämmerlein,
will sehen, ob sie drin mag sein.

Wer ist denn draus? wer klopfet an,
der mich so früh aufwecken kann?
Es ist der Herzallerliebste dein,
steh auf, mein Kind, und laß mich ein!

Herein darf ich dich lassen nicht,
denn meine Mutter schläft noch nicht;
mein Vater ist draus bei rotem, kühlen Wein,
er wird nicht lange mehr außen sein.

Ich werd nicht lang mehr hierstehn,
ich seh die Morgenröt aufgehn,
Morgenröt, zwei schöne Stern:
Bei meinem Schätzchen wär ich gern!

Einst ging ich am Ufer des Rheins

Einst ging ich am U - fer des Rheins, da
wohn-te mein Lieb-chen al - lein, einst ging ich am
U - fer des Rheins, da wohn-te mein Lieb-chen al - lein.

Mein Liebchen, was tust du allein?
Komm mit mir ins Schlafkämmerlein.

Das Bettlein, das ist schon bereit,
das soll uns vertreiben die Zeit.

Und als ich um Mitternacht kam,
die Mutter zu klopfen fing an.

Ei, Mutter, was klopfest du mir?
Ich habe ja keinen bei mir.

Und hast du auch keinen bei dir,
so öffne doch leise die Tür.

Und als nun die Türe ging auf,
zum Fensterlein sprang ich hinaus.

Ei, Liebster, rief sie mir noch nach,
komm wieder die folgende Nacht.

Ich komme nicht wieder zu dir,
ich such mir ein andres Quartier.

Dort unten im Tale, da steht
eine Rose, die niemals vergeht.

Geh runter und pflücke sie ab
und pflanze sie mir auf mein Grab.

Des Abends in der Stille

Des A - bends in der Stil - le ver -
schließ' ich mei - ne Tür, und mit ei - nem Ger - sten -
hal - - me Feins - lieb - chen stand da - für.

Schließe nicht so feste zu,
mein allerherztausiger Schatz,
ei so muß ich ja im Garten,
im kühlen Nebel stehn.

Die Blätter von dem Rosenstock,
die decken mich so warm,
bis daß ich von der Lieb abscheide,
und daß sich Gott erbarm.

Wer ein Lämmlein weiden will,
der muß ein Schäfer sein.
Der muß weiden viele Tausend,
muß lieben eins allein.

Wer ein Mädchen lieben will,
das muß ein Jüngling sein.
Der muß weiden viele Tausend,
muß lieben eins allein.

Wie kumm ich denn die Poorts herin!

Wie kumm ich denn die Poorts he - rin! Sag
du, mi Liev - chen, sag! Nemm de Rüng un
schüd-dl de Klüng, so ment ming Mo - der, et
doet de Wüng. Kumm du mi Liev - chen,
kumm, kumm, kumm, kumm du, mi Lievchen, kumm!

Wie kumm ich dann al langs de Hung?
Sag du, mi Lievchen, sag!
Gev dem Hung jet gode Wort,
so let e sich wedder an singen Ort.
Kumm du, mi Lievchen, kumm, kumm, kumm!

Wie kumm ich dann wol langs dem Füer?
Sag du, mi Lievchen, sag!
Schödd en beschen Water drin,
so ment ming Moder, et röhnte drin.
Kumm du, mi Lievchen, kumm, kumm, kumm!

Wie kumm ich dann die Trapp herup?
Sag du, mi Lievchen, sag!
Nemm ding Schluffen in de Hang,
so hest e verworrene lise Gang.
Kumm du, mi Lievchen, kumm, kumm, kumm!

Wie kumm ich dann wal in de Kammer?
Sag du, mi Lievchen, sag!
Tast en beschen lozer Hang,
so hängt de Schlößel an der Wang.
Kumm du, mi Lievchen, kumm, kumm, kumm!

Wo hang ich dann mingen Sundagsrock?
Sag du, mi Lievchen, sag!
An de Wang do es ene Knopp,
sühst d' en net, du scheele Stropp?
Kumm du, mi Lievchen, kumm, kumm, kumm!

Wie kumm ich dann wal up dat Bedd?
Sag du, mi Lievchen, sag!
An dem Bedd do steit en Bank,
sühst du se nit, du fule Strang?
Kumm du, mi Lievchen, kumm, kumm, kumm!

Wie kumm ich dann wal unger de Deck?
Sag du, mi Lievchen, sag!
De Deck de es kene Müllestein,
leck mich im Gatt und gang weder hem,
gang du, mi Lievchen, gang, gang, gang!

Dat du myn Schätsken bist

Dat du myn Schäts-ken bist, dat du wol

weest! Kum by de Nacht, kum by de Nacht,

1. segg wo du heest. 2. segg wo du heest.

Kum du üm Middernacht,
kum du Klok een!
Vader slöpt, Moder slöpt,
ik slaap alleen.

Klop an de Kamerdör,
faat an de Klink!
Vader meent, Moder meent,
dat deit de Wind.

Ich ging in einer Nacht

Ich ging in ei - ner Nacht, ich
ging in ei - ner Nacht, die Nacht, die
war so fin - ster, die Nacht, die war so
fin - ster, daß man kein Stern - lein
sah, daß man kein Stern - lein sah.

Ich ging vor Herzliebchens Tür,
ich meint die Tür wär offen,
der Riegel war dafür.

Der Schwestern waren drei.
Die allerjüngste Schwester
die ließ mich kommen herein.

Sie stellt mich hinter die Tür.
Bis Vater und Mutter schlafen,
dann komm du wieder herfür.

Sie führt mich oben ins Haus.
Ich meint bei ihr zu schlafen,
zum Fenster mußt ich heraus.

Ich fiel auf einen Stein,
zerbrach die Ripp im Leib vonein,
dazu das linke Bein.
O Gott, wie komm'n ich heim!

Er seufzte nochmals sehr.
Und wenn die Wund geheilet ist,
dann komm'n ich wieder zu dir.

Schönes Jungfer Lieschen

Schö-nes Jung-fer Lies-chen, schwarz-brau-nes Mäd-chen,

darf ich denn nicht einmal zu dir kom-men, wenn ich will?

Zu mir kannst du kom-men bis vor die Haus-tür,

a-ber, a-ber wei-ter darfst du mir nicht.

Es muß noch bes-ser gehn, er muß noch

stei-fer stehn, die Welt ist rund und muß sich drehn.

Schönes Jungfer Lies'chen, schwarzbraunes Mädchen,
darf ich denn nicht einmal zu dir kommen,
wenn ich will?
Zu mir kannst du kommen bis vor die Gartentür,
aber, aber weiter darfst du mir nicht.

Schönes Jungfer Lies'chen, schwarzbraunes Mädchen,
darf ich denn nicht einmal zu dir kommen,
wenn ich will?
Zu mir kannst du kommen bis vor die Kammertür,
aber, aber weiter darfst du mir nicht.

Schönes Jungfer Lies'chen, schwarzbraunes Mädchen,
darf ich denn nicht einmal zu dir kommen,
wenn ich will?
Zu mir kannst du kommen bis vor das Bette,
aber, aber weiter darfst du mir nicht.

Schönes Jungfer Lies'chen, schwarzbraunes Mädchen,
darf ich denn nicht einmal zu dir kommen,
wenn ich will?
Zu mir kannst du kommen, bis vor die Ruschel Buschel,
aber, aber weiter darfst du mir nicht.

Ich bin ein lust'ger Jägerknecht

Ich bin ein lust'-ger Jä - gers - knecht,

schieß' auch recht; schieß' mir ei - nen gold-nen Specht.

Die-ser Specht trägt gold-ne Fe - dern, fliegt ins Ge -

büsch; wenn ich ihn er - wisch', schieß' ich ihm aufs Le - der.

Was ein Jäger haben soll,
hab' ich wohl;
all' mein' Taschen, die sein voll.
Schönes Pulver, Blei und Kugel
schieß' ich so fix
aus meiner Büchs
nach diesem Vogel.

Ich ging die Linden hin und her,
mit Gewehr,
wollt' auch sehn, was da passier':
Aber da war nichts zu finden,
hier und dort,
an jenem Ort
bei den Linden.

Ich ging vor der Kammertür
mit Plaisir;
wollt' auch sehn, was da passier'.
Sie hebt das Röcklein in die Höh';
vor ihrem Bett
stund sie ganz nett
und jagt die Flöh'.

Hat sie mir kein Wort gesagt
von der Jagd,
hätt' so gerne mitgemacht!
Sollt' mich alles nicht verdrießen,
und sollt' ich auch
die ganze Nacht
kein Wildpret schießen.

Als die Jagd nun war getan,
fing sie an:
Mutter, schaff' sie mir ein Mann!
Einen Mann von zwanzig Jahren;
jetzt ist Zeit,
wo mich's erfreut,
nach Lieb' zu fahren.

Krieg' ich dann noch keinen Mann,
fang' ich an,
fang' ich andre Wirtschaft an.
Fang' ich an das schöne Leben
und sag': Gut' Nacht!
Mein' Jungfrauschaft
muß ich aufgeben.

Und wer sein Handwerk nicht versteht

Und wer sein Hand-werk nicht ver-steht, das
Und wenn es ihm auch krot-zig geht mit-

ist kein bra-ver Mann.
un-ter dann und wann.

Der Pfan-nen-

flik-ker macht sich nichts d'raus, er flickt die

Pfan-ne, Pfan-ne, Pfan-ne von Haus zu Haus.

Einst kam er vor ein schönes Haus,
eine Jungfrau schaut heraus.
Einst kam er vor ein schönes Haus,
eine Jungfrau schaut heraus.
Ach Pfannenflicker, komm doch herein,
hier wird schon was, was, was zu flicken sein.

Sie zeigte ihm ein Pfännlein klein,
das war bedeckt mit Ruß.
Darinnen war ein Löchlein klein
wie eine Haselnuß.
Ach Pfannenflicker, nimm dich in acht,
daß du das Löchlein klein
nicht größer machst!

Und als der Pfannenflicker fertig war,
die Pfanne war geflickt,
da hat sie ihm ein Silberstück
wohl in die Hand gedrückt.
Der Pfannenflicker schwingt seinen Hut.
Leb wohl, mein lieber Gesell,
der Flick war gut.

Und als dreiviertel Jahr um warn,
die Pfanne war zerplatzt,
der Pfannen Pfannenflicker war
schon lange ausgekratzt.
Der Pfannenflick flick flick war nicht mehr da,
er war schon lang, lang, lang
in Amerika.

Es wollt' ein Bauer früh aufstehn

Es wollt' ein Bau - er früh auf - stehn, es wollt' ein Bau - er früh auf - stehn, wollt' 'naus in sei - nen Ak - ker gehn. Fa - li - ti - ri - ti ri - tum - ta, fa - li - ti - ra!

Und als der Bauer vom Acker kam,
kam ihn ein großer Hunger an.

Frau Lisichen! Was kocht sie dann?
Ein Erdäpfelbrei und Zwetschgen dran.

Und als der Bauer saß und aß,
da rumpelt in der Kammer was.

Die Frau die sprach: Es ist der Wind,
der sich in uns'rer Kammer fängt.

Der Bauer sprach: Will selber sehn,
will selber 'naus mein Kammer gehn.

Und als der Bau'r in die Kammer kam,
stand der Pfaff da, zog sein' Hosen an.

Ei Pfaff! Was machst in meinem Haus?
Ich werf' dich ja sogleich hinaus!

Der Pfaff der sprach: Was ich verricht'?
Dein Frau die kann die Beicht noch nicht.

Ei, kann mein' Frau die Beicht noch nicht,
warum kommst du's bei Tage nicht?

Der Bauer erwischt ein Ofenscheit
und haut den Pfaffen, daß er schreit.

Der Bauer erwischt den Rechenstiel
und haut den Pfaffen, daß er fiel.

Es hatt' ein Bauer ein schönes Weib

Es hatt' ein Bau-er ein schö-nes Weib, die
Sie bat oft ih - ren lie-ben Mann, er

blieb so ger - ne zu Haus. Er soll-te doch
sollte doch fah-ren hin - aus. Er soll-te doch

fah - ren ins Heu.
fah - ren ins Heu. Er soll - te doch

fah-ren ins ha, ha, ha, ha, ha, ha, hei - dil- dei-juch -

heis - sas - sa! Er soll-te doch fah-ren ins Heu.

Der Mann, der dachte in seinem Sinn:
Die Reden, die sind gut!
Ich will mich hinter die Haustür stelln,
will sehen, was meine Frau tut,
will sagen, ich fahre ins Heu.

Da kommt geschlichen ein Reitersknecht
zum jungen Weibe hinein,
und sie umfängt gar freundlich ihn,
gab stracks ihren Willen darein:
Mein Mann ist gefahren ins Heu.

Er faßte sie um ihr Gürtelband
und schwang sie wohl hin und her;
der Mann, der hinter der Haustür stand,
ganz zornig da trat herfür:
Ich bin noch nicht fahren ins Heu!

Ach trauter, herzallerliebster Mann,
vergib mir nur diesen Fehl!
Will lieber fürbaß und herzen dich,
will kochen Mus und Mehl;
ich dachte, du wärest im Heu.

Und wenn ich gleich gefahren wär
ins Heu und Haberstroh,
so sollst du nun und nimmermehr
einen andern lieben also.
Der Teufel mag fahren ins Heu!

An einem heißen Sommerabend

An ei - nem hei - ßen Som - mer -
a - bend saß ich vor mei - ner Hüt - ten -
tür; da kam ein Jüng - ling ganz jung von
Jah - ren und setz - te sich an mei - ner Seit'.

O liebes Mädchen, o laß mich lieben,
ich bin der Lehrmeister aus Paris!
O lieber Jüngling, ich kann nicht lieben,
weil ich nicht weiß, was Liebe ist!

Des andern Morgens, da schleichen beide,
von dem die Mutter gar nichts weiß.
Jedoch der Vater, der kann es wissen,
weil er auch weiß, was Liebe heißt.

Des andern Morgens, da schreit die Mutter:
O liebes Töchterlein, o steh nur auf.
O liebe Mutter, laß mich schlafen,
ich hab heut nacht das Lieben gelernt.

Er ist ein Heuchler und ein Verführer,
der dir dein junges Blut beraubt!
Er ist kein Heuchler und kein Verführer,
er ist der Lehrmeister von Paris!

Tausend Taler wollt ich geben,
wenn ich den Lehrmeister sehen könnt!
O liebe Mutter, den kannst du sehen,
der kommt heut abends her zu mir!

Als ich an einem Sommertag

Als ich an einem Sommertag, hur-rah, hur-rah, hur-rah!
im grünen Wald im Schatten lag, hur-rah, hur-rah, hur-rah!
Sah ich von fern ein Mädchen stehn, die war ganz un-ver-gleichlich schön; und
al-les und al-les und al-les mit Hur-rah! Hur-rah, hur-rah, hu-ral-le-ral-le-ra, hur-rah, hur-rah hu-ral-le-ral-le-ra und
al-les und al-les und al-les mit hur-rah.

Und als das Mädchen mich erblickt,
hurrah!
Nahm sie die Flucht in Wald zurück.
Hurrah!
Ich aber eilte auf sie zu
und sprach: Mein Kind, was fliehest du?
Und alles mit hurrah!

Sie sprach: Mein Herr, ich kenn' euch nicht,
hurrah!
Ich fürcht' ein Mannsbild-Angesicht.
Hurrah!
Denn meine Mutter sagt' es mir:
ein Mannsbild sei ein wildes Tier.
Und alles mit hurrah!

Mein Kind, glaub' du der Mutter nicht!
Hurrah!
Lieb nur ein schönes Angesicht.
Hurrah!
Deine Mutter ist ein altes Weib,
drum hasset sie uns junge Leut'.
Und alles mit hurrah!

Mein Herr, wenn das die Wahrheit ist,
hurrah!
So glaub' ich meiner Mutter nicht.
Hurrah!
So setz' er sich, mein schöner Herr,
zu mir auf's Gras ein wenig her!
Und alles mit hurrah!

Ich setzte mich an ihre Seit',
hurrah!
Da war sie voller Zärtlichkeit.
Hurrah!
Ich drückte sie an Mund und Brust,
da war sie voller Herzenslust.
Und alles mit hurrah!

Da kann man sehn, wie Mädchen sein,
hurrah!
Sie geben sich geduldig drein!
Hurrah!
Und stellt man sich ein wenig dumm,
so fallen sie von selber um.
Und alles mit hurrah!

Ich ging durch einen grasgrünen Wald

Ich ging durch ei-nen gras-grü-nen Wald, da
hört ich die Vö-ge-lein sin-gen; sie san-gen so
jung, sie san-gen so alt, die klei-nen Vö-ge-lein
in dem Wald, die hör ich so ger-ne wohl sin-gen.

Stimm an, stimm an, Frau Nachtigall!
Sing mir von meinem Feinsliebchen,
sing mir es so hübsch, sing mir es so fein:
Zu Abend da will ich bei ihr sein,
will schlafen in ihren Armen.

Der Tag verging, die Nacht brach an,
Feinsliebchen das kam gegangen.
Es klopfte so leise mit seinem Ring:
Mach auf, mach auf, herzliebstes Kind,
ich hab es schon lange gestanden!

So lange gestanden das hast du nicht,
ich hab ja noch nicht geschlafen;
hab immer gedacht in meinem Sinn:
Wo ist mein allerliebst Schätzchen hin,
wo bist du so lange geblieben?

Wo ich so lange gewesen bin,
das kann ich dir Schätzchen wohl sagen:
Wohl bei dem Bier, wohl bei dem Wein,
allwo die schönen Mädercher sein,
da bin ich auch jederzeit gerne.

Ihr Jungfern nehmt euch wohl in acht,
und traut keinem Junggesellen!
Sie versprechen euch viel und haltens nicht,
sie führen euch alle nur hinter das Licht
und tun sich nur immer verstellen.

Auf dieser Welt hab ich keine Freud

Auf die - ser Welt hab ich kei - ne Freud, ich hab ein
Schatz und der ist weit. Er ist so
weit, so weit ü - ber Berg und Tal, ja Tal,
daß ich ihn nicht mehr ha - ben soll.

Ich ging wohl über Berg und Tal,
da sang so schön Frau Nachtigall,
sie sang so schön, sie sang so fein,
sie sang von meim Feinliebelein.

Und als ich vor Stadt Wesel kam,
sah ich mein' Schatz auf Schildwach stahn;
da blut' mein Herz, es kränket sich:
Ach schönster Schatz, verlaß mich nicht!

Ach Goldschmied, lieber Goldschmied mein,
schmied meinem Schatz ein Ringelein!
Schmied ihr es an die rechte Hand,
sie soll mit mir ins Niederland.

Ins Niederland da mag ich nicht,
und lange Kleider trag ich nicht;
denn lange Kleider und spitze Schuh,
die kommen keiner Dienstmagd zu.

Da droben vor meines Vaters Haus

Da dro-ben vor mei-nes Va-ters Haus, da steht ei-ne gold-ne Lin-de. Dar-in-nen sit-zet Frau Nach-ti-gall und singt mit hel-ler Stim-me.

Frau Nachtigall, klein Vögelein,
willst du mich lehren singen?
Ich will dir den Fuß mit Gold beschlan,
die Hand mit goldnen Ringen.

Was frag ich nach dem roten Gold,
was frag ich nach goldnen Ringen?
Ich bin des Walds klein Vögelein,
niemand kann mich bezwingen.

Bist du des Walds klein Vögelein
und kann dich niemand zwingen,
so zwingt dich Reif und kalter Schnee
und 's Laub wohl von der Linden.

Und wenn die Linde das Laub verliert,
so trauern alle Äste:
Daran gedenkt, ihr Mägdlein jung,
und halt' eur Kränzlein feste!

Soll ich mein Kränzlein halten fest,
so will mir's doch nimmer bleiben;
viel lieber trag ich ein Schleierlein weiß,
umwunden mit gelber Seiden.

Da droben auf jenem Berge

Da dro-ben auf je-nem Ber-ge, da
steht ein ho-hes Haus, da
schau-en wohl al-le Früh-mor-gen drei
schö-ne Jung-frau-en her-aus.

Die eine heißt Susanne,
die andere Anne-Marei;
die dritte die darf ich nicht nennen,
weil sie es mein eigen soll sein.

In meines Vaters Garten
da stehn zwei Bäumelein,
das eine trägt Muskaten,
das andre feins Nägelein.

Muskaten die sind süße,
feins Näglein die riechen so wohl:
Die will ich mei'm Schätzchen verehren,
daß's meiner gedenken soll.

Da drunten in jenem Tale
da treibet das Wasser ein Rad,
das mahlet nichts als Liebe
vom Morgen bis Abend spat.

Das Mühlrad ist zerbrochen,
die Liebe hat noch kein End —
und wenn sich zwei Herzliebchen scheiden,
so reichen's einander die Händ.

Ach Scheiden, du bitteres Scheiden!
Wer hat doch das Scheiden erdacht?
Der hat ja mein jung frisch Herze
aus Freuden in Trauren gebracht.

Da drunten in jenem Tale

Da drun-ten in je - nem Ta - le, da trei-bet das Was-ser ein Rad, das mah-let nichts an-ders als Lie - be vom A-bend bis an den Tag.

Das Mühlrad ist zersprungen,
die Lieb hat noch kein End:
Wenn zwei von einander scheiden,
so geben's einander die Händ.

Ach Scheiden, ach Scheiden, ach Scheiden!
Wer hat das Scheiden erdacht?
Es hat mein junges Leben
zum Untergang gebracht.

In meines Vaters Lustgarten
da stehn zwei Bäumelein:
Das eine trägt Muskaten,
das andre braun Nägelein.

Muskaten die sind süße,
braun Näglein riechen wohl,
die will ich meinem Schatz verehren,
daß er daran riechen soll.

Ob ich gleich kein' Schatz mehr hab

Ob ich gleich kein' Schatz mehr hab, werd' ich ei - nen
fin - den. Ging die Stra-ßen auf und ab, ging die
Stra-ßen auf und ab, bis zu der Lin-den.

Als ich zu der Linden kam
stand mein Schatz daneben:
Grüß dich Gott, herztausiger Schatz!
Wo bist du gewesen?

Schatz, wo ich gewesen bin,
kann ich dir wohl sagen:
Bin gewesen im fremden Land,
habe viel erfahren.

Was du da erfahren hast,
kannst du mir wohl sagen?
Hab erfahren, daß junge Leut'
bei einander schlafen.

Bei mir schlafen kannst du wohl,
will dirs gar nicht wehren:
Aber nur, herztausiger Schatz,
aber nur in Ehren!

Zwischen Berg und tiefem Tal
saßen einst zwei Hasen,
fraßen ab das grüne Gras
bis auf den Rasen.

Als sie sich nun satt gefressen hatt'n,
legten sie sich nieder.
Nun ade, herztausiger Schatz,
jetzt komm ich nicht wieder!

Es hat e Buur es Töchterli

Es hat e Buur es Töch - ter - li, mit
Na - me heißt es Ba - be - li; es hat zweu Züpfli
gelb wie Gold, drum ist ihm au der Durs - li hold.

Der Dursli geit dem Aetti an:
O Aetti, wotsch mer d's Babeli la?
O nei! o nei! o Dursli my,
mis Babeli isch no viel zu chly!

O Mueti, liebstes Mueti my,
cha d's Babeli no nit g'hürat sy?
Mis Babeli isch no viel zu chlei,
es schlaft dies Johr no sanft allei.

Der Dursli lauft i vollem Zorn
wol in die Stadt ga Solothurn;
er lauft die Gasse-n-in und us,
bis daß er chumt vor d's Hauptmas Huus.

O Hauptma, lieber Hauptma my!
Bruchst du ke Chnecht i Flandre-n-y?
O ja, o ja, a Dursli my!
I dinge di i Flandre-n-y.

Der Hauptma zieht der Seckel us,
er git dem Durs drei Taler drus:
Na sä, nu sä, o Dursli my!
Jitz bist du dinget i Flandre-n-y.

Der Dursli geit jitz wieder hei,
hei zu sine liebe Babeli chlei:
O Aetti, o Mueti, o Babeli my!
Jitz ha-n-i dinget i Flandre-n-y.

303

Das Babeli geit wol hingers Huus,
es grint ihm fast die Aeugleni us:
Ach Dursli, liebe Dursle my!
So hest du dinget i Flandre-n-y?

O Babeli, tue doch nit e so!
I will d's Jahr wieder umhi cho
und will bim Aetti frage-n-a,
oeb er mir d's Babeli deh well la?

U cha-n-i deh nit selber cho,
will dir es Briefli schrybe lo,
darinne soll geschriebe stah:
mys Babeli wott i nit verla.

U wenn der Himmel papierig wär,
und e jede Sterne-n-e Schryber wär,
u jedere Schryber hätt sibe Händ:
Si schriebe doch alli mir Liebi kes End!

Ein schwarzbraunes Mädchen

Ein schwarz-brau-nes Mäd-chen hat 'nen Feld-jä - ger
lieb, ei - nen hüb-schen, ei - nen fei - nen, ei - nen
hübschen, ei-nen fei - nen, ei-nen Feld-of - fi - zier.

Ei, du schwarzbraunes Mädchen,
trau dem Feldjäger nicht!
Denn er sitzt auf dem Gaule
und macht dir das Maule,
aber heiraten tut er nicht.

Und der Feldjäger ist mein,
und kein andrer darfs sein,
denn er hat mir versprochen,
mein eigen zu sein.

Und jetzt geht es fort,
und wir haben kein Brot:
O du schwarzbraunes Mädchen,
wir leidens keine Not.

Jetzt geht es ins Feld,
und wir haben kein Geld:
O du schwarzbraunes Mädchen,
so gehts in der Welt.

Ein lustger Soldat
hat allzeit die Macht,
schöne Mädchen zu lieben,
bei Tag oder Nacht.

Ich habe mir eines erwählet

Ich ha - be mir ei - nes er - wäh - let, ein
Schätz - chen und das mir ge - fällt;
ist __ hübsch und so __ fein, von __
Tu - gend so rein, fein tap - fer und ehr - lich sich hält.

Ich hab es mir öfters lass'n sagen,
du hättest ein Andern so lieb;
doch glaub ich es nicht,
bis das es geschicht,
mein Herze bleibt ewig bei dir!

Glaube nicht den falschen Zungen,
die mir und dir nichts gunn';
bleib ehrlich und fromm
bis daß ich wiederkomm,
drei Jahre die gehn bald herum.

Und wenn ich dann wiederum komm,
mein Herz ist vor Freuden so voll;
dein Äuglein so klar,
dein schwarzbraunes Haar
vergnügen mich tausendmal.

Und in dem Schneegebirge

Und in dem Schnee-ge - bir-ge da
fließt ein Brünn-lein kalt. Und wer dar-aus tut
trin - ken, der wird ja nim - mer alt.

Ich hab daraus getrunken
gar manchen frischen Trunk.
Ich bin nicht alt geworden,
ich bin noch immer jung.

Das Brünnlein das da drüben fließt,
draus soll man immer trink'n;
wer eine Feinsherzliebste hat,
der soll man immer winken.

Ich wink' dir mit den Augen,
ich tret dir auf den Fuß.
Ach, wie ein schweres Roden,
wenn einer scheiden muß!

Ade, mein Schatz, ich scheide.
Ade, mein Schätzelein!
Wann kommst du denn doch wieder,
Herzallerliebster mein?

Wenn es wird schneien Rosen
und regnen kühlen Wein —
Ade, mein Schatz, ich scheide,
ade, mein Schätzelein!

Es schneit ja keine Rosen
und regn't auch keinen Wein:
Da kommst du denn nicht wieder,
Herzallerliebster mein!

Wenn ich ein Vöglein wär

Wenn ich ein Vög-lein wär und auch zwei Flü - gel hätt,

flög ich zu dir. Weils a - ber nicht kann sein,

weils a - ber nicht kann sein, bleib ich all - hier.

Bin ich gleich weit von dir,
bin ich doch im Traum bei dir
und red mit dir;
wenn ich erwachen tu,
bin ich allein.

Es vergeht kein' Stund in der Nacht,
da nicht mein Herz erwacht
und an dich denkt,
daß du mir viel tausendmal,
dein Herz geschenkt.

Du Mädchen vom Lande

Du Mäd-chen vom Lan-de, wie bist du so schön! So schön hab' ich kei-nes in Städ-ten ge-sehn.

Mein Herz ist, du Mädchen, von Liebe so voll;
wie steht dir die Farbe der Unschuld so wohl!

Wie fließt dir, du Mädchen, so ruhig das Blut:
Du Mädchen vom Lande, wie bist du so gut!

Ich habe dich zehnmal, du Mädchen gesehn
und immer gesprochen: Das Mädchen ist schön!

Ich habe dir zehnmal ins Herzchen gesehn,
du Mädchen vom Lande, wie fand ichs so schön!

Wie fand ich das Mädchen, das ganze, so recht
nach meinen zwölf Grillen vom Weibergeschlecht!

Wie fand ich so wenig für Flitter und Gold,
wie fand ichs dem Buche der Bücher so hold!

Wie fand ich das Mädchen vom Lande so fromm!
Komm, sagt' ich, ins Hüttchen, du Liebliche, komm!

Du Mädchen vom Lande, was tatest du da?
Du liefest zur Mutter und sagtest nicht Ja.

Du Mädchen vom Lande, du bestes, wie soll
der Städter sich trösten? — Es gehe dir wohl!

Wach auf, meins Herzens Schöne

Wach auf, meins Her - zens Schö - ne, zart
Ich hör ein süß Ge - tö - ne von

Al - ler - lieb - ste mein.
klei - nen Wald - vög - lein, die

hör ich so lieb - lich sin - gen, ich mein, ich säh des

Ta - ges Schein vom O - ri - ent her drin - gen.

Ich hör die Hahnen krähen
und spür den Tag dabei,
die kühlen Windlein wehen,
die Sternlein leuchten frei;
sing uns, Frau Nachtigalle,
sing uns ein' süße Melodei,
sie neut den Tag mit Schalle.

Der Himmel tut sich färben
aus weißer Farb' in Blau,
die Wolken tun sich färben
aus schwarzer Farb' in Grau;
die Morgenröt' tut herschleichen,
wach auf, mein Lieb und mach mich frei,
der Tag will uns entweichen.

Selig ist Tag und Stunde,
darin du bist gebor'n.
Gott grüß mir dein rot' Munde,
den ich mir hab erkor'n.
Kann mir kein Liebre werden:
Schau, daß mein Lieb nicht sei verlor'n!
Du bist mein Trost auf Erden.

Ich liebte nur Ismenen

Ich lieb-te nur Is - me-nen, Is- -
me- ne____ lieb-te mich__. Noch
heg ich glei - che Trie-be, nur
du siehst mein Ge - sicht__. Be -
weg ihr Herz, o Lie-be, nur
straf'____ Is - - me - ne nicht__!

Mit Weh-mut und mit Trä-nen ge- -
treu ____ ver - ließ ich dich__.

Wie oft hast du geschworen,
du liebtest mich allein:
Es sollt' dein Reiz verloren,
dein Anblick schrecklich sein.
Aus Liebe zu Narzissen
vergißt du Schwur und Pflicht:
O rühre sie, Gewissen,
nur straf' Ismenen nicht!

Dort unter jener Buchen
gabst du mir Strauß und Band.
Da kamst du,mich zu suchen
und gabst mir deine Hand;
da gabst du mit Erröten
den Ring, den Untreu' bricht,
Gedanken, die mich töten,
nur straft Ismenen nicht!

Dort unter jener Linde
grubst du mit Händen ein:
Wer untreu wird, der finde
hier seinen Leichenstein!
Schont, Götter, schont Ismenen,
die selbst ihr Urteil spricht.
Mein Grab soll euch versöhnen,
nur straft Ismenen nicht!

Da droben auf jenem Berge

Da dro - ben auf je - nem Ber - ge, da
steh' ich tau - send - mal, an mei - nem Sta - be ge -
bo - gen, und schau - e hin - ab in das Tal.

Dann folg' ich der weidenden Herde,
mein Hündchen bewahret mir sie;
ich bin herunter gekommen
und weiß doch selber nicht wie.

Da stehet von schönen Blumen
die ganze Wiese so voll;
ich breche sie, ohne zu wissen,
wem ich sie geben soll.

Und Regen, Sturm und Gewitter
verpass' ich unter dem Baum.
Die Türe dort bleibet verschlossen;
doch alles ist leider ein Traum.

Es stehet ein Regenbogen
wohl über jenem Haus!
Sie aber ist weggezogen,
und weit in das Land hinaus.

Hinaus in das Land und weiter,
vielleicht gar über die See.
Vorüber, ihr Schafe, vorüber!
Dem Schäfer ist gar so weh.

313

Kleine Blumen, kleine Blätter

Klei - ne Blu-men, klei - ne Blät - ter
streu - en mir mit leich - ter Hand
gu - te jun - ge Früh - lings - göt - ter
tän - delnd auf ein lu - stig Band

Zephyr, nimm's auf deine Flügel,
schling's um meiner Liebsten Kleid!
Und so tritt sie vor den Spiegel
all in ihrer Munterkeit,

sieht mit Rosen sich umgeben,
selbst wie eine Rose jung.
Einen Blick, geliebtes Leben!
Und ich bin belohnt genung.

Fühle, was dies Herz empfindet,
reiche frei mir deine Hand,
und das Band, das uns verbindet,
sei kein schwaches Rosenband.

An dem reinsten Frühlingsmorgen

An dem rein - sten Früh - lings - mor - gen ging die
Schä - fe - rin und sang, jung und schön und oh - ne
Sor - gen, daß es durch die Wäl - der klang. So
la la, la la la la, la la la la la la la la la la la!

Thyrsis bot ihr für ein Mäulchen
zwei, drei Schäfchen gleich am Ort,
sie besann sich noch ein Weilchen;
doch sie sang und lachte fort,

und ein andrer bot ihr Bänder,
und der Dritte bot sein Herz;
doch sie trieb mit Herz und Bändern
so wie mit den Lämmern Scherz.

Bei dem Glanz der Abendröte
ging sie still den Wald entlang,
Damon saß und spielte Flöte,
daß es durch die Seele drang.

Und er zog sie, ach, zu sich nieder,
küßte sie so hold, so süß;
und sie sagte: Blase wieder!
Und der gute Junge blies:

Meine Ruh ist nun verloren,
meine Freuden sind entflohn,
und ich hör vor meinen Ohren
immer nur den süßen Ton.

Ein Veilchen auf der Wiese stand

Ein Veil - chen auf der Wie - se stand, ge -
bückt in sich und un - be - kannt, es war ein herzigs Veilchen:
Da kam ein jun - ge Schä - fe - rin mit leichtem Schritt und
leich-tem Sinn da - her, daher, die Wie- se her und sang.

Ach! denkt das Veilchen, wär' ich nur
die schönste Blume der Natur,
ach, nur ein kleines Weilchen,
bis mich das Liebchen abgepflückt
und an dem Busen matt gedrückt!
Ach nur, ach nur ein Viertelstündchen lang!

Ach! aber ach! das Mädchen kam
und nicht in Acht das Veilchen nahm;
zertrat das arme Veilchen.
Es sank und starb und freut' sich noch:
Und sterb ich denn, so sterb' ich doch
durch sie, durch sie, zu ihren Füßen doch.

Mädel, schau mir ins Gesicht

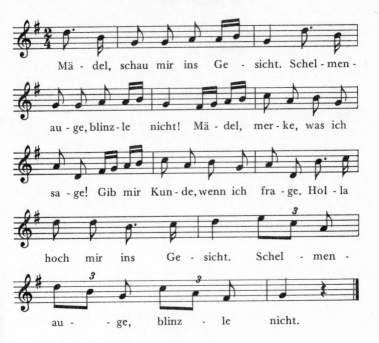

Mä - del, schau mir ins Ge - sicht. Schel - men -
au - ge, blinz - le nicht! Mä - del, mer - ke, was ich
sa - ge! Gib mir Kun - de, wenn ich fra - ge. Hol - la
hoch mir ins Ge - sicht. Schel - men -
au - - ge, blinz - le nicht.

Bist nicht häßlich, das ist wahr;
Äuglein hast du blau und klar.
Wang und Mund sind süße Feigen,
ach, vom Busen laß mich schweigen.
Reizend Liebchen, das ist wahr,
reizend bist du offenbar.

Aber reizend her und hin!
Bist ja doch nicht Kaiserin!
Nicht die Kaiserin der Schönen,
würdig ganz allein zum krönen.
Reizend her und reizend hin,
fehlt noch viel zur Kaiserin!

Hundert Schönen sicherlich,
hundert, hundert fänden sich,
die vor Eifer würden lodern,
dich auf Schönheit rauszufordern.
Hundert Schöne fänden sich,
hundert siegten über dich.

Schelmenauge, Schelmenmund!
Sieh' mich an und tu mir's kund!
He, warum bist du die Meine?
Du allein und anders keine?
Sieh' mich an und tu mir's kund!
Schelmenauge, Schelmenmund!

Sinnig forsch ich auf und ab,
was so ganz dir hin mich gab?
Ja, durch nichts mich so zu zwingen,
geht nicht zu mit rechten Dingen.
Zaubermädel, auf und ab,
sprich, wo ist dein Zauberstab?

Mein Schatz, der ist auf die Wanderschaft hin

Mein Schatz, der ist auf die Wan - der - schaft hin, ich
weiß a - ber nicht, was ich so trau - rig bin, viel -
leicht ist er tot und liegt in gu - ter Ruh', drum
bring' ich mei - ne Zeit so trau - rig zu.

Als ich mit meinem Schatz in die Kirch' wollte geh'n,
viel falsche, falsche Zungen an der Türe steh'n;
die Eine red't dies, die And're das,
das machte mir gar oft die Äuglein naß.

Die Disteln und die Dornen, die stechen so sehr,
die falschen, falschen Zungen aber noch viel mehr;
kein Feuer auf Erd, das brennet also heiß,
als heimlich stille Lieb', die niemand weiß.

Ach, herzliebster Schatz und ich bitt' dich noch eins:
Du wolltest auch bei meinem Begräbnis sein:
Bei meinem Geleit in's kühle, kühle Grab,
derweil ich dich so treu geliebet hab'.

Schönste, Allerschönste

Schön - ste, Al - ler - schön - ste, was hör' ich von dir? dir? Du willst dich hei - ra - ten, du schö - nes, jun-ges Blut? Du willst dich hei - ra - ten, du schö - nes, jun- ges Blut?

Willst du dich heiraten, du schönes, junges Blut?
So wirst du erfahren, was heiraten tut.

Dann bekömmst du kleine Kinder, so hast du große Not.
Sie schreien zum Vater, wir haben kein Brot.

Bald hat man kein Brötchen, bald hat man kein Geld.
So hört man die schönen Trompeten im Feld.

Die schönen Trompeten, die schöne Schalmei.
So bleib du mir, Mädchen, so bleib mir getreu.

320

Kommt ihr Jungfern, helft mir klagen

Kommt ihr Jung-fern, helft mir kla - gen,
Ei, so möcht ich schier ver - za - gen,

denn mein Jung-fern - kranz ist fort.
wenn ich denk an je - nen Ort.

Wenn ich denk an je - nen Mor - gen,
wo ich war ver - füh - ret wor - den.

Drum be-wein' ich al - le mei - ne Not: mein

schö-ner grü-ner Jung-fern - kranz ist fort!

Hänschen, bringe mir das Kränzchen,
das du mir geraubet hast
dort bei jenem Spiel und Tänzchen,
da du mir nachgetrachtet hast.
Jetzund tust du mich auslachen,
tust mir nichts als Kummer machen.
Drum bewein' ich alle meine Not:
Mein schöner grüner Jungfernkranz ist fort!

Nehmt mir weg den schönen Spiegel,
weil ich blaß bin von Gesicht;
jetzund hängen mir die Flügel,
weil ein jeder zu mir spricht:
Mädel, mit dir ist's nicht richtig,
deine Sachen sind hoch und wichtig.
Drum bewein' ich alle meine Not:
Mein schöner grüner Jungfernkranz ist fort!

Alte Schlösser, die zerbrochen,
kann man wieder bauen auf:
Ist der Jungfernkranz zerbrochen,
niemand bringt ihn zum Verkauf.
Könnt die ganze Welt auslaufen,
bringt nicht solchen Kranz zu kaufen.
Drum bewein' ich alle meine Not:
Mein schöner grüner Jungfernkranz ist fort!

Wir winden dir den Jungfernkranz

Wir win - den dir den Jung - fern - kranz mit
veil - chen - blau - er Sei - de; wir füh - ren dich zu
Spiel und Tanz, zu Glück und Lie - bes -
freu - de! Schö - ner, grü - ner, schö - ner, grü - ner
Jung - fern - kranz, veil - chen - blau - e Sei - de,
veil - chen - blau - e Sei - de!

Lavendel, Myrt' und Thymian,
das wächst in meinem Garten;
wie lang bleibt doch der Freiersmann?
Ich kann es kaum erwarten.

Und als der schmucke Freier kam,
war'n sieben Jahr' verronnen;
und weil er die Herzliebste nahm,
hat sie den Kranz gewonnen.

Jetzt tret ich in den Stand

Jetzt tret ich in den Stand, der e - wig wird ge -
nannt, sind das kein schwe-re Sa - chen, die
Angst und Kummer ma - chen, o Gott, was fang ich an.

Heirat' ich mir ein Arme,
gleich wie ich selber bin,
kein Haus, kein Hof, kein Garten
und nichts als lauter Jammer.
O Gott, was fang ich an!

Heirat' ich mir ein Reiche,
also ich gern ein hab,
da heißt es schier alltage:
Du Kerl, du Lump, du Laffen,
was hast du mitgebracht?

Heirat' ich mir ein Stolze,
gleichwie sie alle sind,
so muß ich allzeit laufen,
muß schöne Sachen kaufen.
O Gott, was fang ich an!

Mädchen, warum weinest du

Mäd - chen, war - um wei - nest du, wei - nest du so sehr? Weil ich muß mein Kleid ver-kau -fen, daß ich kann mei Kind-le tau-fen: dar-um, dar-um wei - ne ich, wei-ne ich so sehr!

Mädchen, warum weinest du,
weinest du so sehr?
Weil ich muß zu Hause liegen,
und muß stets das Kindlein wiegen:
Darum, darum weine ich,
weine ich so sehr!

Mädchen, warum weinest du,
weinest du so sehr?
Als ich auf der Wiese saß,
machtest du mir ja den Spaß!
Darum, darum weine ich,
weine ich so sehr!

Mädchen, warum weinest du,
weinest du so sehr?
Weil mein Schatz ein Schlucker ist,
ach, ein armer Schlucker ist:
Darum, darum weine ich,
weine ich so sehr!

Mädchen, darum weine nicht,
weine jetzt nicht mehr!
Ich will stets nun bei dir bleiben,
und dir hübsch die Zeit vertreiben;
daher, daher weine nicht,
weine nun nicht mehr!

Dort drunten im Tale

Dort drun-ten im Ta - le läuft's Was-ser so trüb,

und i kann dir's net heh - le, i han di so lieb.

Sprichst allweil von Lieb'
und sprichst allweil von Treu,
und e bissele Falschheit
ist auch wohl dabei.

Und wenn i dir's zehnmal sag,
daß i di lieb,
und du geist mir kein Antwort,
so wird mir's ganz trüb.

Für die Zeit, wo du mi g'liebt hast,
da dank i dir schön,
und i wünsch', daß dir's anderswo
besser mag gehn!

Du, du, liegst mir im Herzen

Du, du, liegst mir im Her - zen, du, du,
liegst mir im Sinn. Du, du, machst mir viel Schmerzen,
weißt nicht, wie gut ich dir bin. Ja, ja,
ja, ja, weißt nicht, wie gut ich dir bin!

So, so wie ich dich liebe,
so, so liebe auch mich!
Die, die zärtlichsten Triebe
fühl' ich allein nur für dich!

Doch, doch darf ich dir trauen,
dir, dir mit leichtem Sinn?
Du, du kannst auf mich bauen,
weißt ja, wie gut ich dir bin.

Und, und wenn in der Ferne
mir, mir dein Herz erscheint,
dann, dann wünsch ich so gerne,
daß uns die Liebe vereint.

Kommt ein Vogel geflogen

Kommt ein Vo - gel ge - flo - gen, setzt sich
nie - der auf mein'n Fuß, hat ein Brief - chen im
Schna - bel, von der Lieb - sten ei - nen Gruß.

Lieber Vogel, flieg' weiter,
bring' ein'n Gruß mit, einen Kuß;
denn ich kann dich nicht begleiten,
weil ich hier bleiben muß.

Bald gras' ich am Neckar

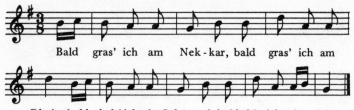

Bald gras' ich am Nek-kar, bald gras' ich am
Rhein; bald hab' ich ein Schät-zel, bald bin ich al - lein.

Was hilft mir das Grasen,
wenn d'Sichel nicht schneid't;
was hilft mir das Schätzel,
wenn's bei mir nicht bleibt.

Und soll ich denn grasen
am Neckar, am Rhein;
so werf' ich mein schönes
Goldringlein hinein.

Es fließet im Neckar,
es fließet im Rhein;
soll schwimmen hinunter
ins tiefe Meer 'nein.

Und schwimmt das Goldringlein,
so frißt es ein Fisch;
das Fischlein soll kommen
auf'n König sein' Tisch.

Der König tut fragen:
wem's Ringlein soll sein;
da tut mein Schatz sagen:
s' Ringlein g'hört mein.

Mein Schätzel tut springen
bergauf und bergein,
tut wiederum bringen
das Goldringlein fein.

Kannst grasen am Neckar,
kannst grasen am Rhein,
wirf du mir nur immer
dein Ringlein hinein!

Mein Glück blüht auf dieser Welt

Mein Glück blüht auf die - ser Welt, mein
Glück blüht auf die - ser Welt, wie der
Wei - zen auf dem grü - nen Feld, wie der
Wei - zen auf dem grü - nen Feld.

Mein Glück blüht an jedem Ort:
Schönster Schatz und ich muß fort, ja fort.

Deine Haar sind kirschenschwarz,
denn du bist und bleibst mein Schatz, ja Schatz.

Deine Augen sind hell und klar
wie die Sterne an dem Himmelssaal.

Deine Zähne sind Elfenbein:
Schönster Schatz und du bist mein, ja mein.

Deine Wangen sind rosenrot:
und ich liebe dich bis in den Tod.

Lauf geschwind zum Priester hin,
daß er uns zusammenbring, ja bring.

Wenn wir dann beisammen sein,
wird sich unser junges Herz erfreun.

Rosel, wenn du meine wärst

Ro-sel, wenn du mei-ne wärst, nun ja ja, nun ja ja!

und nach mei-nem Wil-len tätst, nun ja ja, nu!

Deinen Willen tu ich nicht,
nun ja ja! nun ja ja!
Schlag dir lieber ins Gesicht.
Nun ja ja, ja!

Rosel, pflück dir Kränzelkraut,
nun ja ja! nun ja ja!
Du sollst werden meine Braut!
Nun ja ja, ja!

Kränzelkraut das pflück ich nicht,
nun ja ja! nun ja ja!
Ich bin jung und heirat nicht.
Nun ja ja, ja!

Bist du jung und heiratst nicht,
nun ja ja! nun ja ja!
Bin ich stolz und mag dich nicht.
Nun ja ja, ja!

Es fliegt gar manches Vögelein

Es fliegt gar man - ches Vö - ge - lein dem
Es ißt und trinkt gleich was es findt, da -

an - dern in das Nest;
zu das Al - ler - best.

Bist du ins Nest ge -

flo - gen, so flieg auch wie-der 'raus! Du bist ein -

mal mein Schatz gewest, jetzt ist die Lieb-schaft aus.

Es sitzt ein jedes Vögelein
nicht immerdar im Nest;
es schwingt auch seine Flügelein
und hüpfet auf die Äst.
Ich hab mich aufgeschwungen
auf einen grünen Zweig;
und wenn es dich auch sehr verdrießt,
das gilt mir Alles gleich.

So freist du eine Reiche,
mich Arme läßt du stehn;
und wenn du auch den Krebsgang gehst,
so kränkt es mich nicht sehr:
Ein' Arme kann noch werden reich,
die Reiche aber arm;
wenn du die Reiche genommen hast,
kanns gehn, daß Gott erbarm!

Kein Trau'rkleid laß ich machen
mir deinetwegen nicht;
ich werde wohl noch lachen,
wenn du einst weinen wirst.
Scheint dir auch jetzt die Sonne
und geht auch mir der Wind:
Es wird ganz anders kommen,
als du es hast im Sinn.

Ade zur guten Nacht

A - de zur gu- ten Nacht, jetzt ist der

Schluß ge - macht, daß ich muß schei - den.

Im Som - mer wächst der Klee, im Win - ter

schneit's den Schnee, dann komm ich wie - der.

Es trauern Berg und Tal,
wo ich viel tausendmal
bin drüber gangen;
Das hat deine Schönheit gemacht,
die mich zum Lieben gebracht,
mit großem Verlangen.

Das Brünnlein rinnt und rauscht
wohl dort am Holderstrauch,
wo wir gesessen.
Wie mancher Glockenschlag,
da Herz bei Herzen lag,
das hast du vergessen!

Die Mädchen in der Welt,
sind falscher als das Geld
mit ihrem Lieben.
Ade zur guten Nacht!
Jetzt ist der Schluß gemacht,
daß ich muß scheiden.

Was hab ich denn meinem Feinsliebchen getan?

Was hab ich denn meinem Feins-lieb-chen ge-tan_? sie
geht ja vor-ü-ber und schaut mich nicht an. Sie
schlägt ih-re Äug-lein wohl un-ter sich und
sieht ei-nen An-dern viel lie-ber als mich.

Das macht wohl ihr stolzer hochmütiger Sinn,
daß ich ihr nicht schön und nicht reich genug bin.
Ei bin ich nicht reich, so bin ich doch fromm:
Herztausendes Schätzchen, was scher ich mich drum!

Jetzt will ich mein Herze nicht länger mehr quäln
und will mir ein ander schön Schätzchen erwähln;
wohl außer den Augen, wohl außer dem Sinn:
Herzallerschönst Schätzchen, fahr immer nur hin!

Fahr immer nur hin! ich halte dich nicht,
ich hab meinen Sinn auf ein Andre gericht;
ich hab die Gedanken von dir abgewandt,
viel besser, ich hätte dich gar niemals gekannt!

Ach, junger Geselle, ich rate dir nicht,
die Berge sind hoch, du ersteigest sie nicht!
Wie hoch sind die Berge, wie tief ist das Tal,
jetzt seh ich mein Schätzchen zum allerletzten mal!

Ach, junger Geselle, ich rate dir nicht!
Die Wasser sind tief, die durchschwimmest du nicht.
Wie tief sind die Wasser, sie haben keinen Grund,
laß ab von der Liebe, 's ist Alles umsonst!

Und wenn sich der Hase tut fangen einen Hund,
und eine Muskat muß wiegen sechs Pfund,
und wenn ein Mühlstein schwimmt über den Rhein,
so sollst du auch länger Feinsliebchen mir sein!

Stehn zwei Stern am hohen Himmel

Stehn zwei Stern am ho-hen Him-mel, leuch-ten hel-ler als der Mond, leuch-ten so hell, leuch-ten so hell, leuch-ten hel-ler als der Mond.

Ach, was wird mein Schätzchen denken,
weil ich bin so weit von ihr,
weil ich bin, weil ich bin,
weil ich bin so weit von ihr?

Gerne wollt ich zu ihr gehen,
wenn der Weg so weit nicht wär,
wenn der Weg, wenn der Weg,
wenn der Weg so weit nicht wär.

Gerne wollt ich ihr was schenken,
wenn ich wüßt, was ihr gefällt,
wenn ich wüßt, wenn ich wüßt,
wenn ich wüßt, was ihr gefällt.

Gold und Silber, Edelsteine,
schönster Schatz, gelt, du bist mein?
Ich bin dein, du bist mein,
ach, was kann denn schöner sein?

Ich wollt ein Bäumlein steigen

Ich wollt ein Bäumlein stei-gen, das nicht zu stei-gen war. Da bra-chen al - le Ä - sti-chen, da bra-chen al - le Ä - sti - chen, und ich fiel in das Gras —, und ich fiel in das Gras.

Ach wenn das doch mein Schätzchen wüßt,
daß ich gefallen wär.
Es tät so manchen weiten Schritt,
bis daß es bei mir wär.

Die Blätter von den Bäumelein
die fielen all auf mich.
Daß mich mein Schatz verlassen hat,
das kränket mich ja nicht.

Daß mich mein Schatz verlassen hat,
das ist noch so und so:
Er wird bald wieder kommen,
von Herzen bin ich froh.

Und kömmt er dann nicht wieder,
so bleibt er weg von mir;
heirat ich einen Andern,
was frag ich denn nach Dir?

Es ist kein Apfel so rosenrot,
es steckt ein Wurm darin.
Es ist kein Bürschchen auf der Welt,
es führt ein falschen Sinn.

Ein falscher Sinn, ein froher Mut
verführt das junge Blut.
Ich habs gehört von Alten:
Die Lieb tut selten gut.

Mein Mädel hat einen Rosenmund

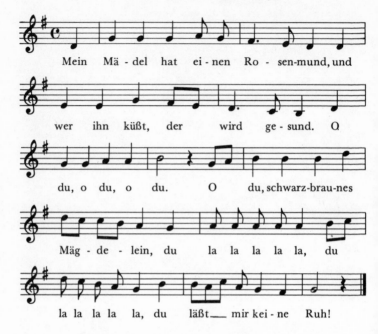

Mein Mä - del hat ei - nen Ro - sen-mund, und
wer ihn küßt, der wird ge - sund. O
du, o du, o du. O du, schwarz-brau-nes
Mäg - de - lein, du la la la la la, du
la la la la la, du läßt— mir kei - ne Ruh!

Die Wangen sind wie Morgenröt,
wie sie steht überm Winterschnee.

Dein' Augen sind wie die Nacht so schwarz,
wenn nur zwei Sternlein funkeln drin.

Du Mädel bist wie der Himmel gut,
wenn er über uns blau sich wölben tut.

Der Mai tritt ein mit Freuden

Der Mai tritt ein mit Freu-den, es flieht der Win-ter kalt; die Blüm-lein auf der Hei-den, die blü-hen man-nig-falt. Ein Rö-se-lein zar-te von Far-be so schön, das blüht in mei-nem Gar-ten, vor al - len ich's krön.

Ein edles Röslein zarte,
von roter Farbe schön,
blüht in meins Herzens Garte:
Für all Blümlen ichs krön.

Es ist der Wohlgemute
des schönen Röslein rot,
erfrischt mir Sinn und Mute,
errett' aus aller Not.

Es ist mein Ehrenpreise,
dazu mein Augentrost,
gemacht mit allem Fleiße,
vom Tod hats mich erlost.

Vor Leid wär ich gestorben,
entgangen was mein Kraft,
in Liebesflamm verdorben,
erkühlt hat mich sein Saft.

Mein Herze wird erquicket
von Angst, Kummer und Pein,
wenn mich freundlich anblicket
das rote Röslein mein.

Für Silber und rot Golde,
für Perlen und Edelgestein
bin ich dem Röslein holde,
nichts Liebers mag mir sein.

Der Edelstein Karbunkel
mag ihm geleichen nicht,
wiewohl er leucht im Dunkel,
Rubin gen ihm erblicht.

Ach Röslein, bist mein Wegewart!
Freundlichen ich dich bitt:
Mein Holderstock zu aller Fahrt,
dazu Vergißmeinnicht!

Horch, was kommt von draußen 'rein?

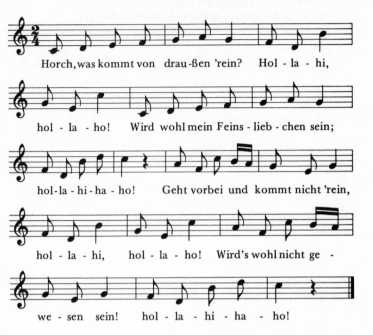

Horch, was kommt von drau-ßen 'rein? Hol - la - hi,
hol - la - ho! Wird wohl mein Feins - lieb - chen sein;
hol-la - hi - ha - ho! Geht vorbei und kommt nicht 'rein,
hol - la - hi, hol - la - ho! Wird's wohl nicht ge -
we - sen sein! hol - la - hi - ha - ho!

D'Leute haben's oft gesagt, hollahi, hollaho!
Daß ich kein Feinsliebchen hab', hollahihaho!
Laß sie red'n, ich schweig' fein still, hollahi, hollaho!
Kann doch lieben, wenn ich will, hollahihaho!

Leutchen, sagt mir's ganz gewiß, hollahi, hollaho!
Was das für ein Lieben ist, hollahihaho!
Die man will, die kriegt man nicht, hollahi, hollaho!
Und 'ne andre will ich nicht, hollahihaho!

Wenn mein Liebchen Hochzeit hat, hollahi, hollaho!
Hab' ich meinen Trauertag, hollahihaho!
Gehe in mein Kämmerlein, hollahi, hollaho!
Trage meinen Schmerz allein, hollahihaho!

Wenn ich dann gestorben bin, hollahi, hollaho!
Trägt man mich zum Grabe hin, hollahihaho!
Setzt mir einen Leichenstein, hollahi, hollaho!
Blühn bald da Vergißnichtmein, hollahihaho!

Jetzt gang i ans Brünnele

Jetzt gang i ans Brün - ne - le, trink a - ber
nit, jetzt gang i ans Brün - ne - le, trink a - ber
nit. Da such ich mein herz - tau - si - gen Schatz,
find'n a - ber nit —, da such ich mein herz -
tau - si - gen Schatz, find'n a - ber nit.

Do lass i mei Äugele
um und um gehn,
do sieh i mein herztausigen Schatz
bei 'nem andren stehn.

Bei 'nem anderen stehen sehn,
ach, das tut weh.
B'hüt di Gott, mein herztausiger Schatz,
di b'sieh i nimmermeh'.

Jetzt leg i mi nieder
aufs Heu und aufs Stroh;
do falle drei Rösele
mir in den Schoß.

Und diese drei Rösele
sind blutig rot.
Jetzt weiß i net, lebt mei Schatz,
oder ist er tot?

Das Lieben bringt groß Freud

Das Lie-ben bringt groß Freud, das wis-sens al-le Leut. Weiß mir ein schö-nes Schät-ze-lein mit zwei schwarz-brau-nen Äu-ge-lein, das mir, das mir, das mir mein Herz er-freut.

Ein Briefle schrieb sie mir,
i sollt treu bleiben ihr.
Drauf schick ich ihr ein Sträußele,
schön Rosmarin und Nägele,
sie soll, sie soll,
sie soll mein eige sein!

Mein eige soll sie sein,
kein'm andre mehr als mein.
So leben wir in Freud und Leid,
bis uns Gott der Herr auseinander scheidt.
Ade, ade,
ade, mein Schatz, ade!

Rosestock, Holderblüh

Ro - se - stock, Hol - der - blüh, wenn i mein
Dirn - derl sieh, lacht mir vor lau - ter Freud
's Her - zerl im Leib. Tra-la-la, tra-la-la, tra-la-la
tra-la-ra-la-la, tra-la-la, tra-la-la tra-la-la-la.

G'sichterl wie Milch und Blut,
's Dirnderl ist gar so gut,
um und um dockerl nett,
wenn i's no hätt'!

Armerl so kugelrund,
Lippe so frisch und gesund,
Füßerl so hurtig geschwind,
tanzt wie der Wind.

Wenn i ins dunkelblau,
funkelhell Äugerl schau,
mein i, i seh in mei
Himmelreich 'nei.

So kann's i nimmer tragen,
i muß dem Pfarrer sagen,
so halt i's nimmer aus,
i führ mir's z'Haus.

350

Wo e kleins Hüttle steht

Wo e kleins Hütt- le steht, ist e kleins Güt- le,
Wo e kleins Hütt- le steht, ist e kleins

Gut; und wo viel Bu - be sind, Mäd - le sind,

Bu - be sind, do ists halt lieb - le, do ists halt gut.

Lieble ist überall, lieble auf Erde.
Lieble ists überall, lustig im Mai;
wenn es nur mögle wär, z'mache wär, mögle wär,
mei müßt du werde, mei müßt du sei!

Wenn zu mein Schätzle kommst, tu mer's schön grüße,
wenn zu mein Schätzle kommst, sag ihm viel Grüß;
wenn es fragt, wie es geht, wie es steht, wie es geht,
sag, auf zwei Füße, sag, auf zwei Füß.

Und wenn es freundle ist, sag, i sei gstorbe,
und wenn es lache tut, sag, i hätt gfreit;
wenns aber weine tut, klage tut, weine tut,
sag, i komm morge, sag, i komm heut.

Mädle, trau net sowohl, du bist betroge;
Mädle, trau net sowohl, du bist in Gfahr:
Daß i di gar net mag, nemme mag, gar net mag,
sell is verloge, sell ist net wahr.

Muß i denn zum Städtele naus

Muß i denn, muß i denn zum Städ-te-le naus,

Städ-te-le naus, und du, mein Schatz, bleibst hier. Wenn i

komm, wenn i komm, wenn i wied-rum komm,

wied-rum komm, kehr i ein, mein Schatz, bei dir. Kann i

gleich net all-weil bei dir sein, han i doch mein Freud an

dir; wenn i komm, wenn i komm, wenn i wied-rum komm,

wied-rum komm, kehr i ein, mein Schatz, bei dir.

Wie du weinst, wie du weinst, daß i wandere muß,
wie wenn d' Lieb jetzt wär vorbei!
Sind au drauß, sind au drauß der Mädele viel,
lieber Schatz, i bleib dir treu.
Denk du net, wenn i a andre sieh,
no sei mein' Lieb vorbei;
sind au drauß, sind au drauß der Mädele viel,
lieber Schatz, i bleib dir treu.

Übers Jahr, übers Jahr, wenn mer Träuble schneid't,
stell i hier mi wiedrum ein;
bin i dann, bin i dann dein Schätzele noch,
so soll die Hochzeit sein.
Übers Jahr, do ist mein Zeit vorbei,
do g'hör i mein und dein,
bin i dann, bin i dann dein Schätzele noch,
so soll die Hochzeit sein.

Wenn alle Brünnlein fließen

Wenn al - le Brünn-lein flie - ßen, so
wenn ich mein Schatz nicht ru - fen darf, tu

soll man trin - ken,
ich ihm win - ken. Wenn ich mein Schatz nicht

ru-fen darf, ju ja ru-fen darf, tu ich ihm win-ken.

Ja winken mit den Äugelein
und treten auf den Fuß:
Ist Eine in der Stube drin,
die mir noch werden muß.

Warum soll sie's nicht werden?
Ich seh sie gar zu gern.
Sie hat zwei schwarzbraun Äugelein,
sind heller als der Stern.

Sie hat zwei rote Bäckelein,
sind röter als der Wein.
Ein solches Mädchen findet man nicht,
wohl unterm Sonnenschein.

354

Ännchen von Tharau

Änn-chen von Tha-rau ist's, die mir ge - fällt.
Änn-chen von Tha-rau hat wie-der ihr Herz

Sie ist mein Reich-tum, mein Gut und mein Geld.
auf mich ge - rich - tet in Lieb und in Schmerz.

Änn-chen von Tha-rau, mein Reich-tum, mein Gut,

du mei - ne See - le, mein Fleisch und mein Blut.

Käm alles Wetter gleich auf uns zu schlahn,
wir sind gesinnt, beieinander zu stahn.
Krankheit, Verfolgung, Betrübnis und Pein
soll unsrer Liebe Verknotigung sein.
Ännchen von Tharau, mein Reichtum, mein Gut,
du meine Seele, mein Fleisch und mein Blut.

Recht als ein Palmenbaum über sich steigt,
je mehr ihn Hagel und Regen anficht,
so wird die Lieb in uns mächtig und groß
durch Kreuz, durch Leiden, durch mancherlei Not.
Ännchen von Tharau, mein Reichtum, mein Gut.
du meine Seele, mein Fleisch und mein Blut.

Würdest du gleich einmal von mir getrennt,
lebtest da, wo man die Sonne kaum kennt,
ich will dir folgen durch Wälder, durch Meer,
Eisen und Kerker und feindliche Heer.
Ännchen von Tharau, mein Licht, meine Sonn,
mein Leben schließ ich um deines herum.

Morgen muß ich fort von hier

Mor - gen muß ich fort von hier und muß Ab - schied neh - men. O du al - ler - schön -ste Zier, Schei-den das ____ bringt Grä- men. Da ich dich so treu ge-liebt ü - ber al - le Ma - ßen soll ich dich ver - las - sen, soll ich dich ver - las - sen.

Wenn zwei gute Freunde sind,
die einander kennen,
Sonn und Mond bewegen sich
ehe sie sich trennen.
Noch viel größer ist der Schmerz,
wenn ein treu verliebtes Herz
in die Ferne ziehet.

Dort auf jener grünen Au
steht ein jungfrisch Leben.
Soll ich denn mein Leben lang
in der Ferne schweben?
Hab ich dir was Leids getan,
bitt dich, woll's vergessen,
denn es geht zu Ende.

Küsset dir ein Lüftelein
Wangen oder Hände,
denke, daß es Seufzer sein,
die ich zu dir sende;
tausend schick ich täglich aus,
die da wehen um dein Haus,
weil ich dein gedenke.

In einem kühlen Grunde

In ei-nem küh-len Grun-de, da geht ein Müh-len-rad; mein Lieb-chen ist ver-schwun-den,das dort ge-woh-net hat. Mein Lieb-chen ist ver-schwun-den, das dort ge-woh-net hat.

Sie hat mir Treu' versprochen,
gab mir ein' Ring dabei,
sie hat die Treu gebrochen:
Das Ringlein sprang entzwei.

Ich möcht' als Spielmann reisen
weit in die Welt hinaus
und singen meine Weisen
und gehn von Haus zu Haus.

Ich möcht' als Reiter fliegen
wohl in die blut'ge Schlacht,
um stille Feuer liegen
im Feld bei stiller Nacht.

Hör' ich das Mühl'rad gehen,
ich weiß nicht, was ich will —
ich möcht' am liebsten sterben,
dann wär's auf einmal still.

Am Brunnen vor dem Tore

Am Brun - nen vor dem To - re da steht ein Lin - den-baum, ich träumt in sei-nem Schat-ten so man - chen sü - ßen Traum. Ich schnitt in sei - ne Rin - de so man - ches lie -be Wort. Es zog in Freud und Lei - de zu ihm mich im-mer fort, zu ihm mich im - mer fort.

Ich mußt' auch heute wandern vorbei in tiefer Nacht,
da hab' ich noch im Dunkeln die Augen zugemacht.
Und seine Zweige rauschten, als riefen sie mir zu:
Komm her zu mir, Geselle, hier find'st du deine Ruh!

Die kalten Winde bliesen mir grad ins Angesicht,
der Hut flog mir vom Kopfe, ich wendete mich nicht.
Nun bin ich manche Stunde entfernt von jenem Ort,
und immer hör ich's rauschen: du fändest Ruhe dort!

Sah ein Knab ein Röslein stehn

Sah ein Knab ein Rös-lein stehn, Rös-lein auf der
Hei - den, war so jung und mor - gen-schön,
lief er schnell, es nah zu sehn,
sah's mit vie - len Freu - den. Rös-lein, Rös-lein,
Rös-lein rot, Rös-lein auf der Hei - den.

Knabe sprach: Ich breche dich,
Röslein auf der Heiden!
Röslein sprach: Ich steche dich,
daß du ewig denkst an mich,
und ich will's nicht leiden.
Röslein, Röslein, Röslein rot,
Röslein auf der Heiden.

Und der wilde Knabe brach
's Röslein auf der Heiden;
Röslein wehrte sich und stach,
half ihm doch kein Weh und Ach,
mußt' es eben leiden.
Röslein, Röslein, Röslein rot,
Röslein auf der Heiden.

Ach wie ists möglich dann

Ach wie ists mög-lich dann, daß ich dich las-sen kann!

Hab dich von Her-zen lieb, das glau-be mir.

Du hast die See-le mein so ganz ge-nommen ein,

daß ich kein An-dre lieb, als dich al - lein.

Blau ist ein Blümelein,
das heißt Vergißnichtmein;
dies Blümlein leg ans Herz
und denk an mich!
Stirbt Blüt und Hoffnung gleich,
wir sind an Liebe reich,
denn die stirbt nie bei mir,
das glaube mir!

Wär ich ein Vögelein,
wollt ich bald bei dir sein,
scheut Falk und Habicht nicht,
flög schnell zu dir;
schöß mich ein Jäger tot,
fiel ich in deinen Schoß;
sähst du mich traurig an,
gern stürb ich dann.

Das Schiff streicht durch die Wellen

Das Schiff streicht durch die Wel - len Fri - do -
Von Ost die Se - gel schwel - len Fri - do -

lin.
lin. Ver - schwun - den ist der

Strand in die Fer - ne, o wie ger - ne wär ich

doch im Hei - mat - land, Ro - sa - bel - la, Fri - do - lin.

Ihr dunkelblauen Wogen,
wo kommt ihr hergezogen?
Kommt ihr vom fernen Strand?
Laßt sie rollen,
denn sie sollen
noch zurück zum Heimatland.

Und bei der Wellen Rauschen
wird sie am Ufer lauschen,
o dann dringt hin zu ihr,
sie zu grüßen,
sie zu küssen,
sagt ihr viel, recht viel von mir.

Wenn auch die Wogen brausen,
wenn wilde Stürme sausen,
so denk ich nur an dich,
daß mir bliebe
deine Liebe,
und kein Sturm erschüttert mich.

Was ich jetzt fern muß singen,
einst wird dir's näher klingen,
ein Jahr ist bald vorbei;
meine Lieder
bring' ich wieder
und mit ihnen meine Treu.

Wie die Blümlein draußen zittern

Wie die Blüm-lein drau-ßen zit-tern in der
Und du willst mirs Herz ver-bit-tern und du

A-bend-lüf-te Wehn.
willst von mir nun gehn.

O bleib bei mir und

geh nicht fort, mein Herz ist ja dein Hei-mats-

ort _____,

o bleib bei mir und

geh nicht fort, mein Herz ist ja dein Hei-mats-ort.

Hab geliebet dich ohn Ende,
hab dir nie was Leids getan,
und du drückst mir stumm die Hände
und du fängst zu weinen an.
O weine nicht, o geh nicht fort,
mein Herz ist ja dein Heimatsort!

Ach da draußen in der Ferne
sind die Menschen nicht so gut;
und ich gäb' für dich so gerne
all mein Leben, all mein Gut.
O bleib bei mir, o geh nicht fort,
mein Herz ist ja dein Heimatsort!

Mein Schatz hat mich verlassen

Mein Schatz hat mich ver - las - - sen, ist
jah - - re - lang schon fort, mußt
in die Frem - de wan - dern von ei - nem Ort zum
an - - dern, von ein'm zum an - - dern
Ort, von ein'm zum an - dern Ort.

Er kam zur Abschiedsstunde
ganz schmuck im Sonntagsrock,
und tät zum Angedenken
den Myrthenstock mir schenken:
Wenn der blüht, bin ich zurück!

Der Strauß war meine Freude,
er ist mein höchstes Gut.
So lang er grün tät bleibn,
so lang er frisch tät bleibn,
so blieb ich wohlgemut.

Mädchen mit den blauen Augen

Mäd - chen mit den blau - en Au - gen, komm' zu mir —, ja komm' zu mir! Denn da drau - ßen auf der Hei - de bei so hel - lem Mon - den - schei - ne wol - len wir, ja wol - len wir —, wol - len wir — spa - zie - ren gehn.

Mädchen, hast du Lust zu trotzen,
trotze nur, ja trotze nur!
Deine Schönheit bleibt nicht immer,
denn es geben Frauenzimmer
schön wie du, ja schön wie du!
Schön wie du, ja schön wie du!

Mädchen, hast du Lust zu schlafen,
schlummre süß, ja schlummre süß!
Engel werden dich begleiten,
dir ein weiches Bett bereiten.
Schlummre du, ja schlummre du,
schlummre du in süßer Ruh'!

Soll ich euch mein Liebchen nennen?

Soll ich euch mein Lieb-chen nen - nen? Rös-chen
Wollt ihr sie noch wei - ter ken - nen? Ei so

heißt das hol - de Kind.
hor - chet auf ge - schwind!
Sie hat

Äug-lein wie zwei Ster- ne, ei - nen ro - sen-farb'nen

Mund _____, und sie scherzt mit mir so

ger - ne oft in schö - ner A - bend-stund'.

Gestern kam ein Herr gegangen,
schwatzt' ihr was von Liebe vor,
streichelt' ihr die Rosenwangen,
sagt' ihr heimlich was ins Ohr:
Komm', mein Kind, ich will dir geben
diesen Beutel voll mit Gold;
dann kannst du zufrieden leben —
sei mir nur ein wenig hold!

Ach, mein Herr, ich müßt' mich schämen!
Dieses sei ganz fern von mir,
dieses Gold euch abzunehmen;
nein, mein Herr, ich dank' dafür!
Ich bin arm und lieb' nur einen,
diesem bleib' ich stets getreu;
auf der Welt lieb' ich sonst keinen:
Gute Nacht, es bleibt dabei!

367

Ist das nicht ein herrlich Mädchen,
das ich mir hab' auserwählt?
Keines wohnt im ganzen Städtchen,
das wie Röschen mir gefällt,
denn sie ist und bleibt mein Röschen:
Kommt ein andrer in ihr Haus,
ei, so dreht sie gleich ihr Näschen,
lacht ihn obendrein brav aus.

Schatz, mein Schatz, reis' nicht so weit von hier!

Schatz, mein Schatz, reis' nicht so weit von hier! Im Ro-sen-gar - ten will ich dein war - ten, im grü-nen Klee, im wei-ßen Schnee.

Mich zu erwarten, das brauchest du ja nicht,
geh du zum Reichen, zu deines Gleichen,
es ist mir lieb, es ist mir recht.

Ich heirat nicht nach Geld und nach Gut;
eine treue Seele tu ich mir wähle,
wer glauben tut, wer glauben tut.

Wers glauben tut und der ist weit von hier,
er ist in Schleswig, er ist in Holstein,
er ist Soldat und bleibt Soldat.

Soldatenleben und das heißt lustig sein.
Wenn and'r Leut schlafen, so müss'n wir wachen,
auf Schildwach stehn, Patrouille gehn.

Schildwach stehn, das brauchest du ja nicht;
wenn dich d'Leut fragen, so sollst du sagen:
Schatz, du gehörst mein und ich bin dein.

Wer hat dieses schöne Lied erdacht?
Drei Goldschmiedsjungen, die habens gesungen
wohl auf der Wacht, wohl auf der Wacht.

's ist alles dunkel

's ist al - les dun - -kel, 's ist al - les trü - be, die-weil mein Schatz 'nen an-dern liebt. Ich hab' ge - glaubt, sie lie - bet mich ___, ich hab' ge - glaubt, sie lie - bet mich. A - ber nein, a - ber nein ___, a - ber nein, a - ber nein ___, a - ber nein, a - ber nein, sie liebt mich nicht.

Was nützet mir ein schöner Garten,
wenn andre drin spazieren gehn
und pflücken mir die Rosen ab,
woran ich meine, so ganz alleine,
woran ich meine Freude hab.

Was nützet mir ein schönes Mädchen,
wenn andre mit spazieren gehn
und küssen ihm die Schönheit ab?
Woran ich meine, so ganz alleine,
woran ich meine Freude hab.

Bald kommen nun die schwarzen Brüder
und tragen mich zum Tor hinaus
und legen mich ins kühle Grab,
worin ich ewig, worin ich ewig,
worin ich ewig Ruhe hab.

Grün, grün, grün sind alle meine Kleider

Grün, grün, grün sind al - le mei - ne Klei - der;

grün, grün, grün ist al - les, was ich hab.

Dar - um lieb ich al - les, was grün ist,

weil mein Schatz ein Jä - ger ist.

Rot, rot, rot sind alle meine Kleider,
rot, rot, rot ist alles, was ich hab.
Darum lieb ich alles, was rot ist,
weil mein Schatz ein Reiter ist.

Blau, blau, blau sind alle meine Kleider,
blau, blau, blau ist alles, was ich hab.
Darum lieb ich alles, was blau ist,
weil mein Schatz ein Matrose ist.

Schwarz, schwarz, schwarz sind alle meine Kleider,
schwarz, schwarz, schwarz ist alles, was ich hab.
Darum lieb ich alles, was schwarz ist,
weil mein Schatz ein Schornsteinfeger ist.

Weiß, weiß, weiß sind alle meine Kleider,
weiß, weiß, weiß ist alles, was ich hab.
Darum lieb ich alles, was weiß ist,
weil mein Schatz ein Müller ist.

Bunt, bunt, bunt sind alle meine Kleider,
bunt, bunt, bunt ist alles, was ich hab.
Darum lieb ich alles, was bunt ist,
weil mein Schatz ein Maler ist.

Gestern bei Mondenschein

Ge - stern bei Mon - den-schein ging ich spa -
zie - ren, ge - stern bei Mon - den - schein
ging ich spa - zie - ren in dem Haus - gär - te-lein,
in dem Haus - gär - te-lein bei Mon-den -- schein —.

Da saß ein Mägdelein so ganz alleine
in dem Hausgärtelein bei Mondenschein.

Mägdlein, was machst du hier so ganz alleine
in dem Hausgärtelein bei Mondenschein?

Ich bind ein Kränzlein von grünen Zypressen
in dem Hausgärtelein bei Mondenschein.

Es soll dem Liebsten sein, wenn er wird kommen
in das Hausgärtelein bei Mondenschein.

Es wollte sich einschleichen

Es woll - te sich ein - schlei-chen ein küh-les
Geh hin zu dei - nes - glei - chen, du sollst mein

Lüf - te - lein. Ver-las - sen tu ich dich

ei - gen sein.

nicht, wenn gleich das Her - ze mir

bricht. Treu und be - stän - dig sollst du

sein, du sollst mein ei - gen sein.

Ich hört' ein Vöglein pfeifen,
das pfiff die ganze Nacht,
vom Abend bis zum Morgen,
bis daß der Tag anbrach.
Schließ' du mein Herz
wohl in das dein,
schließ' eins ins andere hinein,
daraus soll wachsen ein Blümelein,
das heißt Vergißnichtmein.

In meines Vaters Garten,
da stehn zwei Bäumelein,
das eine trägt die Reben,
das andre Röselein.
Schließ' du mein Herz
wohl in das dein,
schließ' eins ins andere hinein,
daraus soll wachsen ein Blümelein,
das heißt Vergißnichtmein.

Morgen will mein Schatz abreisen

Mor - gen will mein Schatz ab - rei - sen,

Ab - schied neh - men mit Ge - walt;

drau-ßen sin - gen schon die Vö - gel, sin - gen schon die

Vö-gel in dem dun-kel-grü - nen Wald. Und es

fällt mir so schwer, aus der Hei - mat zu

gehn, wenn die Hoff - nung nicht wär auf ein

Wie-der-Wie-der-sehn. Le - be wohl, le - be wohl, le - be

wohl, le - be wohl, le - be wohl, auf Wie - der - sehn!

Saßen da zwei Turteltauben,
beide auf 'nem grünen Ast:
Wo sich zwei Verliebte scheiden,
da verwelket Laub und Gras.

Laub und Gras, das mag verwelken,
aber unsre Liebe nicht.
Du kommst mir aus meinen Augen,
aber aus dem Herzen nicht.

Eine Schwalbe macht kein' Sommer,
ob sie gleich die erste ist;
und mein Liebchen macht mir Kummer,
ob sie gleich die Schönste ist.

Spielet auf, ihr Musikanten,
spielet auf ein Abschiedslied,
meinem Liebchen zum Gefallen,
mags verdrießen, wen es will.

Müde kehrt ein Wanderer zurück

Mü-de kehrt ein Wan-de-rer zu-rück, nach der
Hei-mat, sei-ner Lie-be Glück. Doch zu-
vor tritt er ins Gärt-ner-haus, kauft für
sie noch ei-nen Blu-men-strauß.

Und die Gärtnerin, so hold und schön,
tritt zu ihren Blumenbeeten hin,
und bei jedem Blümlein, das sie bricht,
rollen Tränen ihr vom Angesicht.

Warum weinst du, holde Gärtnersfrau?
Weinst du um das Veilchen dunkelblau,
oder um die Rose, die dein Finger bricht? —
Nein, um diese Rose wein ich nicht.

Ich weine nur um den geliebten Freund;
er zog in die Welt so weit hinein,
dem ich Treu und Eid geschworen hab,
den ich, Gärtnerin, gebrochen hab.

Warum hast du mir denn nicht getraut?
Deine Liebe auf den Sand gebaut?
Sieh den Ring, der mich tagtäglich mahnt
an die Treu, die du gebrochen hast!

Nun so trifft mich Wandrer das Geschick,
in der Heimat meiner Lieben Blick;
drum so gib mir, holde Gärtnersfrau
einen Strauß von Tränen ganz betaut. —

Und mit diesem Sträußchen in der Hand
will ich wandern durch das ganze Land,
bis der Tod mein müdes Auge bricht:
Lebe wohl, leb wohl, vergiß mein nicht!

Kuckuck hat sich zu Tod gefall'n

Kuk - kuck hat sich zu Tod ge - fall'n von
ei - ner hoh-len Wei - den. Wer soll uns die - sen
Som-mer lang die Zeit und Weil ver - trei - ben?

Das soll sich tun Frau Nachtigall,
sie sitzt auf einem Zweige.
Sie singt, sie springt, ist freudenvoll,
wenn andre Vöglein schweigen.

Mein Buhl hat mir ein Brief geschickt,
darin da steht geschrieben:
Sie hat ein andern lieber dann mich,
darauf hat's mich vertrieben.

Hast du ein andern lieber als mich,
das acht ich wahrlich kleine.
Da sitz ich auf mein apfelgrau Roß
und reit wohl über die Heide.

Und da ich über die Heide kam,
mein Feinslieb trauert sehre.
Laß fahren, was nit bleiben will,
es gibt der Schönen mehre.

Der uns das Lied und den Gesang
von neuem hat gesungen,
das haben getan zwei Reiter gut,
ein alter und ein junger.

Es saß ein schneeweiß Vögelein

Es saß ein schnee-weiß Vö - ge - lein
auf ei - nem Dor - nen - sträu - che -
lein, —Din don dei - ne! — auf ei - nem
Dor - nen - sträu - che - lein. — Din don don!

Sag, willst du nicht mein Bote sein?
Ich bin ein zu klein Vögelein,
— Din don deine! —
ich bin ein zu klein Vögelein.
— Din don don!

Bist du auch klein, so bist du schnell.
Du weißt den Weg? Ich weiß ihn wohl.
— Din don deine! —
Du weißt den Weg? Ich weiß ihn wohl.
— Din don don!

Es nahm den Brief in seinen Mund
und flog mit übern Waldesgrund,
— Din don deine! —
und flog mit übern Waldesgrund.
— Din don don!

Es flog vor meines Herzliebs Tür.
Schläfst oder wachst oder bist du tot,
— Din don deine! —
schläfst oder wachst oder bist du tot?
— Din don don!

Ich schlafe nicht, ich wache nicht,
ich bin getraut wohl ein halb Jahr,
— Din don deine! —
ich bin getraut wohl ein halb Jahr.
— Din don don!

Bist du getraut wohl ein halb Jahr,
es deuchte mich wohl tausend Jahr,
— Din don deine! —
es deuchte mich wohl tausend Jahr.
—Din don don!

Weiß mir ein Blümlein blaue

Weiß mir ein Blüm - lein blau - - e
es staht in grü - ner Au - - e,

von him - me - - li - schem Schein.
es heißt Ver - - giß - nit - mein.

Ich konnt es nir - gends fin - den, war

mir ver - schwun - den gar. Von Reif und kal - ten

Win - den ist es mir___ wor - den fahl.

Das Blümlein, das ich meine,
ist braun, steht auf dem Ried,
von Art ist es so kleine,
es heißt: nun hab mich lieb.
Das ist mir abgemähet
wohl in dem Herzen mein:
Mein Lieb hat mich verschmähet,
wie mag ich fröhlich sein?

Das Blümlein, das ich meine,
das ist rosinenrot,
ist Herzenstrost genennet,
auf breiter Heid es staht.
Sein Farb ist ihm verblichen,
der Wohlgemut hat verdorrt.
Mein Lieb ist mir entwichen,
verlorn han ich mein Hort.

Weiß mir ein Blümlein weiße,
staht mir im grünen Gras,
gewachsen mit ganzem Fleiße,
das heißt nun gar: Schabab.
Dasselbig muß ich tragen
wohl diesen Sommer lang.
Viel lieber wollt ich haben,
daß mich mein Buhl umfang.

Mein Herz, das liegt in Kummer,
daß mein vergessen ist,
so hoff ich auf den Sommer
und auf des Maien Frist.
Der Reif, der ist vergangen,
dazu der kalte Schnee:
Mein Lieb hat mich umfangen,
nun, Winter, heißt's: Ade!

Dort nieden in jenem Holze

Dort nie - den in je - nem Hol - ze leit
sich ein Müh - len stolz. Sie mahlt uns al - le
Mor - gen, sie mahlt uns al - le
Mor - gen das Silber, das ro - te Gold.

Dort nieden in jenem Grunde
schwemmt sich ein Hirschlein fein.
Was führt's in seinem Munde?
Von Gold ein Ringelein.

Hätt ich des Golds ein Stücke
zu einem Ringelein,
meinem Buhlen wollt ich's schicken
zu einem Goldfingerlein.

Was schickt sie mir denn wieder?
Von Perlen ein Kränzelein.
Sieh da, du feiner Ritter,
dabei gedenk du mein!

Gesegn dich Laub

Ge - segn dich Laub, ge - segn dich Gras,
ge - segn dich al - les was da was.
Ich muß von hin - nen schei - - - den.

Ihr lieben Englein steht mir bei,
daß Leib und Seel beinander sei,
daß mir mein Herz nicht breche.

Gesegn dich Mond, gesegn dich Sonn,
gesegn dich Trautlieb, meine Wonn,
da ich von hinnen fahre.

Es geht ein dunkle Wolk herein

Es geht ein dunk - le Wolk her - ein. Mich
deucht, es wird ein Re - gen sein, ein Re - gen
aus den Wol - ken wohl in das grü - ne Gras.

Und kommt die liebe Sonn nit bald,
so weset alls im grünen Wald;
und all die müden Blumen,
die haben müden Tod.

Es geht ein dunkle Wolk herein.
Es soll und muß geschieden sein.
Ade Feinslieb, dein Scheiden
macht mir das Herze schwer.

Wie schön blüht uns der Maien

Wie schön blüht uns der Mai - en, der
Mir ist ein schöns Jung - fräu - lein ge -

Win - ter fährt da - hin.
fal - len in mei - nen Sinn.

Bei ihr, da

wär— mir wohl, wenn ich nur an— sie

den - ke, mein Herz ist freu - de - voll.

Bei ihr, da wär ich gerne,
bei ihr, da wär's mir wohl.
Sie ist mein Morgensterne,
strahlt mir ins Herz so voll.
Sie hat ein roten Mund,
sollt ich sie darauf küssen,
mein Herz würd mir gesund.

Wollt Gott, ich fänd im Garten
drei Rosen auf einem Zweig.
Ich wollte auf sie warten,
ein Zeichen wär mir's gleich.
Das Morgenrot ist weit,
es streut schon seine Rosen:
Ade, du schöne Maid.

Zum Tanze da geht ein Mädel

Zum Tan - ze da geht ein Mä - del mit

gül - de - nem Band. Das schlingt sie dem

Bur - schen gar fest um die Hand, das

schlingt sie dem Bur - schen gar fest um die Hand.

Ach herzallerliebstes Mädel, so laß mich doch los,
ich lauf dir gewißlich auch so nicht davon.

Kaum löset die schöne Jungfer das güldene Band,
da war in den Wald schon der Bursche gerannt.

Winde wehn

Win-de wehn, Schif-fe gehn weit in frem-de Land'.

Und des Ma - tro - sen al - ler - lieb - ster

Schatz bleibt wei - nend stehn am Strand.

Wein doch nicht,
lieb Gesicht,
wisch die Tränen ab!
Und denk an mich und an die schöne Zeit,
bis ich dich wieder hab.

Silber und Gold,
Kisten voll
bring ich dann mit mir.
Ich bringe Seiden und Sammet-, Sammetzeug,
und alles schenk ich dir.

Als ich gestern einsam ging

Als ich ge-stern ein-sam ging   auf der grü - nen,

grü - nen Heid, kam   ein jun - ger Jä - gers-mann,

trug ein grü - nes, grü - nes Kleid; ja,   grün — ist die

Hei - de, die Hei - de   ist grün —, a - ber

rot — sind die Ro - sen, wenn sie   da blühn!

Wo die dunklen Tannen stehn,
ist so weich das grüne Moos.
Und da hat er mich geküßt,
und ich saß auf seinem Schoß.

Als ich dann nach Hause kam,
hat die Mutter mich gefragt,
wo ich war die ganze Zeit,
und ich hab's ihr nicht gesagt.

Was die grüne Heide weiß,
geht die Mutter gar nichts an,
niemand weiß es außer mir
und dem grünen Jägersmann.

Von den Bergen rauscht ein Wasser

Von den Ber - gen rauscht ein Was - ser,
wollt, es wä - re küh - ler Wein. Küh - ler
Wein___ der soll es sein___.
Schatz, mein Schatz, ach könnt ich bei dir __ sein.

In dem Wasser schwimmt ein Fischlein,
das ist glücklicher als ich.
Glücklich ist, wer das vergißt,
was nun einmal nicht zu ändern ist.

Willst du mich noch einmal sehen,
sollst du nach dem Bahnhof gehn.
In dem großen Wartesaal
sehn wir, sehn wir uns zum allerletzten Mal.

Liebchen, komm in meine Arme,
nimm den letzten Abschiedskuß!
Nimm den letzten Abschiedskuß,
weil ich, weil ich von dir scheiden muß.

Scheiden ist ein hartes Wort,
du bleibst hier und ich muß fort.
Du bleibst hier und ich muß fort,
weiß noch, weiß noch nicht an welchen Ort.

Sollten wir uns nicht mehr sehen,
so bleibt unsre Lieb bestehn.
Liebst du mich, so lieb ich dich,
nimmer — nimmermehr vergeß ich dich.

Und zu Hause angekommen,
fängt ein neues Leben an
eine Frau wird sich genommen,
kleine Kinder bringt der Weihnachtsmann.

Schwarzbraun ist die Haselnuß

Schwarz-braun ist die Ha - sel - nuß, schwarz - braun
bin auch i, ja i, schwarz-braun muß mein
Ma - del sein, ge - ra - de so wie i. Hol - de -
ri ju - vi - ju - vi - di ha - ha - ha, hol - de - ri
ju - vi - ju - vi - di, ha - ha - ha! hol - de - ri ju - vi - ju - vi -
di ha - ha - ha, hol - de - ri ju - vi - ju - vi - di!

Mädel hat mir Busserl geb'n,
hat mich schwer gekränkt, ja kränkt,
hab ich's ihr gleich wiedergeb'n,
ich nehm ja nichts geschenkt.

Mädel hat nicht Hof noch Haus,
Mädel hat kein Geld, ja Geld.
Doch ich geb es nicht heraus
für alles auf der Welt.

Schwarzbraun ist die Haselnuß,
schwarzbraun bin auch i, ja i,
wenn i eine heirat'n tu,
so muß sie sein wie du.

Jenseits des Tales

Jen-seits des Ta - les stan - den ih - re Zel - te,

zum ho - hen A - bend - him - mel quoll der Rauch.

Das war ein Sin - gen in dem gan-zen Hee - re

und ih - re Rei - ter-bu-ben san - gen auch.

Sie putzten klirrend am Geschirr der Pferde,
her tänzelte die Marketenderin,
und unterm Singen sprach der Knaben einer:
Mädchen, du weißt's, wo ging der König hin?

Diesseits des Tales stand der junge König
und griff die feuchte Erde aus dem Grund,
sie kühlte nicht die Glut der armen Stirne,
sie machte nicht sein krankes Herz gesund.

Ihn heilten nur zwei jugendfrische Wangen
und nur ein Mund, den er sich selbst verbot,
noch fester schloß der König seine Lippen
und sah hinüber in das Abendrot.

Jenseits des Tales standen ihre Zelte,
vorm roten Abendhimmel quoll der Rauch,
und war ein Lachen in dem ganzen Heere,
und jener Reiterbube lachte auch.

B. v. Münchhausen
© *Voggenreiter Verlag, Bonn-Bad Godesberg*

Das ist unter der Linden

Das ist un-ter der Lin-den, und ist auch an der Hei-de, wo eu-er zwei-er Bet-te und ge-bro-chen Blu-men sind__, wo eu-er zwei-er Bet-te und ge-bro-chen Blu-men sind. Da denkst du sehr ver-schwom-men: Der Typ hat dei-ne Grö-ße, du bist nicht gern al-lein_____, war-um nicht mal ver-su-chen, das wird schon lau-fen, ir-gend-wie.

Und küßt er dich wohl tausend Stund
und unter Sommerwolken,
da fallen dir tausend Jahre,
fallen dir deine Schwestern ein.
Und siehst euch Wasser tragen
und hörst die Männer lachen
und siehst euch Schenkel spreizen
und hörst die Kinder schreien
wohl tausend Sommer und noch mehr.

Wenn es schneit rote Rosen
und wenn es regnet kühlen Wein,
bis dahin will er bleiben,
das verspricht er dir, der Typ.
Und kommen schöne Nächte
und kommen schöne Tage
und kommen schöne Sprüche
aus all den schönen Büchern,
die kennst du alle ziemlich gut.

Es schneit nicht rote Rosen,
es regnet keinen kühlen Wein.
Der Typ wird bei dir bleiben
einen Sommer und noch mehr.
Und kämmt dir deine Haare
und liest in deinen Träumen.
Dann hört ihr seine Platten.
Er gibt dir seine Bücher
und sagt dir, was ihr machen wollt.

Wach auf, du Herzens Schöne.
Der Himmel tut sich färben.
No use to sit and wonder
it don't matter anyhow.
Erklär ihm seine Träume
und hilf ihm Wasser tragen.
Der Mann hat große Hände,
und Arbeit habt ihr beide.
Ihr merkt schon, was ihr machen wollt.

Das ist unter der Linden
und ist auch an der Heide,
wo euer zweier Bette
und gebrochen Blumen sind.
Der Morgen bringt dir Kühle.
Dein Mann ist eingeschlafen.
Da denkst du schon viel klarer:
Warum nicht mal versuchen,
das wird schon laufen, irgendwie.

Das Lied vom kleinen Mädchen

Ich hat-te in ir-gend-ei-ner Stra-ße mit ern-sten Ge-

dan-ken auf sie ge-war-tet. Sie schick-te ein klei-nes

Mäd-chen zu mir, es brach-te mir nur ei-nen

Gruß von ihr. Da nahm mich die Klei-ne bei der

Hand, um mit ihr zu spie-len, blieb ich da.

Als ich wie ein Spatz ü-bers Pfla-ster hüpf-te, ver-

gaß ich, wes-halb ich ge-kom-men war.

La-la-la-la-la-la-la-la-la-la-la-la-la-la,

ver-gaß ich, wes-halb ich ge-kom-men war.

Ich hatte in irgendeiner Straße
mit ein paar Blumen auf sie gewartet.
Sie schickte das kleine Mädchen zu mir,
es brachte mir nur einen Gruß von ihr.
Da bat mich die Kleine, doch noch zu bleiben.
Wir setzten uns an den Straßenrand,
und sie schaute mir zu, als ich einen Kranz
von meinen Veilchen für sie band.
La, la, la, . . .
von meinen Veilchen für sie band.

Ich hatte in irgendeiner Straße
mit meiner Sehnsucht auf sie gewartet.
Sie schickte das kleine Mädchen zu mir,
es brachte mir nur einen Gruß von ihr.
Und als ich wieder gehen wollte,
da nahm mich die Kleine bei der Hand,
befahl mir, sie auf meine Schulter zu heben,
so bin ich mit ihr hin und her gerannt.
La, la, la, . . .
so bin ich mit ihr hin und her gerannt.

Ich hatte in irgendeiner Straße
mit großer Geduld auf sie gewartet.
Sie schickte das kleine Mädchen zu mir,
es brachte mir nur einen Gruß von ihr.
Da nahm mich die Kleine bei der Hand
und sagte: Ich werde sieben im Mai,
und da versprach ich ihr, auf sie zu warten,
solange, bis sie erwachsen sei.
La, la, la, . . .
solange, bis sie erwachsen sei.

Ich hatte in irgendeiner Straße
auf nichts Besondres gewartet.
Da kam sie selbst statt des Mädchens zu mir,
um mich zu belohnen für meine Geduld.
Ich zog nur freundlich den Hut vor ihr
und bin nicht mit ihr gegangen.
Ich wollte ja nur schau'n, ob die Kleine vielleicht
schon bis an meine Schulter reicht.
La, la, la, . . .
schon bis an meine Schulter reicht.

Viel zu schade für mich

Ein - mal kam sie auf ein Glas
Sie schau - te sich um, spuck - te kräftig in die
Alle So - fa - kissen hat - te sie ge -

Wein zu mir her - ein, zu mir her -
Hän - de und brach - te Ord - nung in mei - ne vier
schickt und sau - ber in der Mit - te ge -

ein.
Wän - de. Ich weiß, so ein Mädchen ist
knickt.

ei - gent - lich viel zu scha - de für

mich, viel zu scha - de für mich.

Dann stand sie und wischte auf der Fensterbank
alle Scheiben blank, alle Scheiben blank.
So viel Fleiß ist Gabe, nicht anerzogen,
und statt der Muttermilch eingesogen.
Endlich war alles sauber und geputzt,
nur hatte sie ihr neues Kleidchen beschmutzt.
Ich weiß, so ein Mädchen ist eigentlich
viel zu schade für mich, viel zu schade für mich.

Sie hängte das Kleidchen mit den Flecken drin
zum Trocknen hin, zum Trocknen hin.
Da sah ich, daß sie selbstgestrickte Hosen trug,
geräumig und warm, zum Schutz gegen Zug.
Die konnte sie, wenn sie wollte, von den Knien
bequem bis unter die Achseln zieh'n.
Ich weiß, so ein Mädchen ist eigentlich
viel zu schade für mich, viel zu schade für mich.

Sie hatte ihre Zahnbürste mitgebracht
und blieb über Nacht, und blieb über Nacht.
Sie weinte, als ich sagte, daß sie Ruhe geben sollte,
als sie ein paar Kunststückchen vorführen wollte,
einem Buch   Glück zu zweit   oder so entnommen,
an jedem Bahnhof kann man es bekommen.
Ich weiß, so ein Mädchen ist eigentlich
viel zu schade für mich, viel zu schade für mich.

Ich sagte ihr, daß sie nicht zu weinen hätte
in meinem Bette, in meinem Bette.
Warte bis morgen, dann triffst du hier
einen Freund von mir, der ist netter zu dir.
Jetzt wohnt sie bei ihm, hat ihm längst geschickt
die Nummer seines Autos auf ein Kissen gestickt.
Ich weiß, dieses Mädchen war eigentlich
viel zu schade für mich, viel zu schade für mich.

Ab heut' und ab hier

Ab heut' und ab hier geh'n wir auf ver-schied'nen We-gen. Es taugt nicht, daß wir noch er-klär'n und ü-ber-le-gen. Es ist nichts mehr zu be-re-den, das ist al-les längst ge-scheh'n. Es bleibt jetzt al-lein für je-den, sei-nen er-sten Schritt zu geh'n. Das heißt nicht: Bis bald! Das heißt nicht: Bis spä-ter!, das heißt nicht: Auf Wie-der-sehn!, das heißt: Le-be-wohl!

Wozu noch versteh'n,
und wozu ein Urteil sprechen,
wozu auch zuseh'n,
wie wir die Brücken zerbrechen.
Wozu unser Buch aufschlagen,
das den Grund doch nicht verrät?
Und auf all' unsere Fragen,
käm' die Antwort doch zu spät.

Tja, was sagt man dann,
nach all der Zeit: Alles Gute?
Hört sich komisch an,
und so ist mir auch zumute.
Laß uns aufhör'n, uns zu kennen,
ohne Spruch und Redensart,
uns ohne viel Worte trennen,
eh' das Lächeln noch erstarrt!

Reinhard Mey
© *Chanson-Edition Reinhard Mey,*
Bonn-Bad Godesberg

Und für mein Mädchen

Und für mein Mäd-chen würd' ich, ver - lang-te sie's von mir, ho - no -rig, ernst und wür-dig, von höf-li - cher Ma - nier. Ich wür - de für ih - re Lie - be Gen - darm o - der Sol - dat und wür - de im Ge - trie - be des Staats ein klei - nes Rad und ein Ka - pa - zi - tät - chen ich würd' es für mein Mäd-chen.

Und für sie würd' ich bieder,
bittet sie mich darum,
verbrenn' ich meine Lieder
und bleib' von da an stumm.
Ich würd' mein Leben ändern,
würd' ein Bigot aus mir —
in wallenden Gewändern
läs' ich aus dem Brevier
weise Moralitätchen —
ich tät' es für mein Mädchen.

Und für mein Mädchen, denk' ich,
legt' ich den Hochmut ab,
und meinen Stolz verschenkt' ich.
Vom hohen Roß herab
ließ ich mich von ihr führen,
wär' froh mit meinem Los
und hing an ihren Schnüren
ergeben, willenlos
als ein Marionettchen, —
ich tät' es für mein Mädchen.

Und für mein Mädchen, glaub' ich,
steckt' ich die Welt in Brand,
meine Freunde verkauft' ich,
verriet mein Vaterland,
ihr vertrau ich mein Leben,
ihr Urteil hör' ich nur.
Würd' ihr die Schere geben,
und hing' mein Leben nur
an einem seid'nen Fädchen, —
ich gäb' es für mein Mädchen.

Reinhard Mey
© *Chanson-Edition Reinhard Mey,*
Bonn-Bad Godesberg

Ich wollte wie Orpheus singen

Ich woll - te wie Or - pheus sin - gen,
Wil - de Tie - re schar - ten sich

dem es einst ge - lang, Fel - sen selbst zum
fried - lich um ihn her, wenn er über die

1.
Wei - nen zu brin - gen durch sei - nen Ge - sang.
Sai - ten strich

2.
schwieg der Wind und das Meer. Mei - ne

Lie - der die klin - gen nach Wein und mei - ne

Stim - me nach Rauch, mag mein Na - me nicht

Or - pheus sein, mein Na - me ge - fällt mir auch.

Meine Lyra trag ich hin,
bring sie ins Pfandleihhaus.
Wenn ich wieder bei Kasse bin,
lös ich sie wieder aus.

406

Meine Lieder sing ich Dir,
von Liebe und Ewigkeit;
und zum Dank teilst Du mit mir
meine Mittelmäßigkeit.

Kein Fels ist zu mir ge - kom - men,
um mich zu hö - ren, kein Meer!
A - ber ich ha - be Dich ge - won - nen,
und was will ich noch mehr?!

Reinhard Mey
© *Voggenreiter Verlag, Bonn-Bad Godesberg*

Inhaltsverzeichnis

Erster Band

Einleitung V

Tag und Jahr 1

Heimat und Fremde 95

Du und ich 193

Zweiter Band

Menschen und Mächte 409

Lachen tanzen trinken 569

Kinder 699

Gott und die Welt 745

Anmerkungen 821

Quellenverzeichnis 858

Alphabetisches Verzeichnis
der Liedanfänge 863

Namenregister 874

Deutsche Erzähler

Ausgewählt und eingeleitet von
Hugo von Hofmannsthal und Marie Luise Kaschnitz
2 Bände. 1695 Seiten. Geb. DM 25,–

»Zwei umfangreiche, schöne Bände werden hier offeriert, 1700 Seiten große Erzählkunst (zu einem unglaublich niedrigen Preis), ginge es mit rechten Dingen zu, müßte das Publikum, das sich doch immer nach Überblicken sehnt, die Buchhandlungen stürmen.«
Barbara Bondy, Süddeutsche Zeitung

»Sie gehören mit zu den geglücktesten Büchern in diesem Jahr.« *Mannheimer Morgen*

»Denn dies sind Hausbücher im besten Sinne, Bücher, die man nicht gerne aus dem Haus gibt, um sie nicht zu verlieren: eine Schatzkammer von Novellen, die man immer wieder mit erneutem Genuß lesen kann.«
Darmstädter Echo

»Zusammen vermitteln die Bände einen Begriff vom Wandel deutscher Erzählkunst in zwei Jahrhunderten.« *Neue Zürcher Zeitung*

»Ein Literaturmuseum von mehr als 1700 Seiten, mehr als eine bloße Anthologie, sondern ein Kunstwerk für sich.« *Neues Volksblatt, Linz*

»Bliebe zu den zwei Bänden noch zu erwähnen: Sie verführen dazu, sich Zeit und Muße zu nehmen, sich in einen bequemen Sessel zu setzen und sich entweder ins 19. Jahrhundert gleiten zu lassen oder sich mit dem 20. Jahrhundert, der unmittelbaren oder länger zurückliegenden Vergangenheit, zu konfrontieren.«
Reutlinger General-Anzeiger

»Beide Bände sollten in keiner Hausbibliothek fehlen.«
Die Welt

Deutsche Landschaften

Ausgewählt und eingeleitet von
Helmut J. Schneider
720 Seiten. Geb. DM 24,–

Der Insel Verlag setzt mit dieser Ausgabe die mit
»Deutsche Erzähler«, »Deutsche Märchen«, »Deutsches
Mittelalter« und »Deutsche Lieder« begonnene Serie
von gleichermaßen gut ausgestatteten wie preiswerten
und in einmalig hoher Auflage gedruckten Volksaus-
gaben fort. Deutsche Landschaften – das sind Gegen-
den in Deutschland, gesehen, erlebt, durchreist, erwan-
dert, beschrieben und gezeichnet von deutschen (deutsch-
sprachigen) Autoren vom Barock bis zur Gegenwart:
Geographie als Geschichte, Erfahrungen mit Räumen,
in denen wir uns noch aufhalten, die uns verlorenzu-
gehen drohen, wenn wir unsere Vergangenheit in ihnen
nicht mehr erkennen. Die Texte (und begleitenden Illu-
strationen) dieses Bandes, der nach Anlage und Umfang ein erstmaliges Unternehmen ist, dokumentieren
die historischen Spuren, die aus den natürlichen Gegebenheiten individuelle Physiognomien geschaffen haben: deutsche Landschaften als Ausdruck deutscher
Geschichte.
Es sind literarische Landschaftsbeschreibungen, sprach-
lich angeeignete, verwandelte, auch visionär geschaute
Räume, die hier exemplarisch versammelt sind. Sie vertreten wichtige geistes- und stilgeschichtliche Epochen,
die verschiedensten Gattungen vom durchartikulierten
Gedicht bis zum unmittelbar niedergeschriebenen Reise-
bericht, viele bekannte und manche weniger bekannte
oder vergessene Dichter und Reisende. Sichtbar werden soll der lebendige Austausch von literarischer und
landschaftlicher Erfahrung, der ein Teil der Geschichte
unserer Seele ist; wie diese nicht etwa harmonisch, sondern reich an Widersprüchen. Es geht nicht um neu-
patriotischen Heimatpreis, es geht um Erinnerungs-
material, das zur Selbstentdeckung beitragen kann.